美しく「バズる」技術

青木創士
Soushi Aoki

ぱる出版

まえがき

　2020年に新型コロナウイルス感染症が世界的に広まって以来、WEBマーケティング戦略を強化していくことは、企業にとっての最重要課題として誰もが認識するようになりました。

　売上獲得のために経営者自身やマーケティング部門の担当者が自社のSNSを伸ばし集客を狙う動きが加速し、その流れは個人事業主やフリーランスの人にまで広がっています。

　しかしながら、自分なりにやっても全く結果が出ないのがYouTubeやSNSの世界であり、ほとんどの方がYouTubeやSNSの運用ノウハウがないのでプロに相談しよう！となっています。

　相談する先はSNS運用代行、YouTubeチャンネル運用代行、TikTokアカウント運用代行の会社やWEBコンサルタント。運用代行の企業の大半は、運用代行やコンサル料金として月20万円〜200万円といった費用がかかる世界です。個人のコンサルタントに相談したとしても、一括で50〜200万円ほどの請求が来るでしょう。もちろん、実績がない人に相談や依頼をすれば安く済みますが、それはプロとは言いませんし、結果が出る確率も低くなります。

　経営者は将来への事業投資と信じてこの予算を捻出します。
　しかし、実際に起こるのは、

・動画の再生数が伸びない、フォロワーは増えない
・仮に動画の再生が伸びても、自社のブランディングしたい方向性
　と全く違う方向の動画企画提案をされる
・再生とフォロワーが増えても、まともに集客につながらない

といった結果ばかり。残念ながら、思うような結果が出ないことがほとんどです。この状況に陥ってしまうと打つ手がなくなってしまいます。

だからこそ、私自身が YouTube・TikTok・Instagram できちんとブランディングを実現しながら、認知と集客を実現してきた唯一無二の美しい WEB マーケティングノウハウを余すところなく公開します。

世の中にはたくさんの WEB マーケティングの本がありますが、ほとんどが一部の運用ノウハウを解説した単一的な内容です。

YouTube に関する本、TikTok に関する本、Instagram に関する本、Twitter に関する本、SEO に関する本、ライティングに関する本など、全てが枝葉の話なのです。

本書を読むと、その運用の大前提となる WEB マーケティングの正しい戦略の全体像を最初につかむことができます。この大前提をつかんでこそ、初めて枝葉の細かい情報が役に立ちます。

そして、正しい戦略をつかむことで、目的を達成できるバズを生み出すことができるようになります。

この正しい戦略を理解し、作り上げていくうえで、WEB マーケティングの全体像を正しく教えてくれる本がなかなかありません。全体像を語るには、全てに精通し、結果を出している必要があるからです。しかし、全体像をつかまずに正しい戦略を組むことは不可能です。

この本を読んでから様々な WEB マーケティングに関する本を読むと、さらに成功率が高まるはずです。

ぜひ、あなたのビジネスを「美しくバズ」らせて成功させてください。

CONTENTS

第**2**章

WEBマーケティングにおける
認知の作り方〜YouTube篇〜 ————— 43

第6章

ビジネスを拡大して
WEBマーケティング時代を生き残る ———————— 151

カバーデザイン：落合俊介
本文デザイン：松岡羽
企画編集：下方知紘

本書をお読みくださったあなたへ

感謝の気持ちを込めた「5大特典」のご案内

青木本人が解説する「さらに WEB マーケティングがわかる動画コンテンツ」をプレゼントいたします！

特典 1
本書、『美しく「バズる」技術』の動画解説講義

特典 2
2023年 - 2024年に結果が出る最新ビジネス系ショートムービーテンプレート 3選

特典 3
優秀なコスパ抜群のWEBマーケ人材の特徴と確保の仕方

特典 4
2023年-2024年 最新 ECマーケティング解説

特典 5
売上爆増！おすすめ WEBマーケティングツール解説

ぜひ購入者限定 LINE から
特典を受け取ってください！

https://linevoom.line.me/user/_dcL1T0yTys3qvkAJSTco1DHSVaNgMYNNVgb8zUs

※特典の配布は予告なく終了する場合がございます。予めご了承ください。
※動画等の資料はインターネット上のみでの配信になります。予めご了承ください。
※図書館等の貸出では特典プレゼントはできません。
※本特典の提供は、青木創士が実施します。販売書店、取扱図書館、出版社とは関係ございません。
※お問い合わせは https://corporate.keyquest.work/page-22/ からお願い致します。

第1章

美しく「バズる」＝
目的を達成する
WEBマーケティング

0

デジタル時代を勝ち抜いた
再現性のある
WEB マーケティング

　早速ですが、まずは、著者である私が実際にプロデュースしてきた事例を紹介させてください。私が何者であるかを語るよりも、実績を見ていただいた方が、この本で書かれているノウハウで本当に結果が出せるかどうかをご理解いただけると思います。

◆ 勝 友美 -VICTORY CHANNEL-
株式会社 muse 代表取締役 勝友美
オーダースーツ『Re.muse』のブランドを展開する会社。
YouTube チャンネル登録者数 44.8万人（2023年6月時点）

　2020年、代表の勝友美さんは新型コロナウイルス感染症による売上ダウンから、WEB集客の強化を課題として感じていました。
　勝友美さんが提供する『Re.muse』というブランドのオーダースーツは、日本のテーラー業界としては初となる世界4大コレクションの1つであるミラノコレクションに出るほどのラグジュアリーブランドとして認められていました。一方で、オーダースーツの世界でも高単価の商品であるため、ブランドが持つ本当の魅力や価値が正しく伝わらないと、なかなか購入してもらえない商品です。
　私と出会う前からSEO対策やSNS広告などの基本的なWEB施策は実施していましたが、WEB広告やGoogle検索で少し引っかかったくらいでは、価格に対する魅力が伝わりづらいことから、WEBでの集客には長年苦戦していました。

そんな中、勝友美さんと私は出会いました。そして「私の会社に足りないWEBの施策はなんだと思いますか？とストレートに聞かれ、私は「YouTubeです」と即答しました。

そこから私と勝友美さんは一緒にYouTubeチャンネルを立ち上げ、2020年11月にYouTubeチャンネルをスタート。1年後の2021年にはチャンネル登録者数30万人、2022年にはTikTokフォロワー20万人を達成。2023年現在、まもなく登録者数50万人になろうとしています。月間のユニーク視聴者数は毎月200万人前後。今、最も人気の女性社長であり、彼女に憧れる若い女性が日本中に溢れています。

YouTubeをきっかけに認知が爆増したことで、動画を通じて様々な角度から自由にブランドの魅力を伝えられるようになり、集客数も過去最大に。求人も素敵な方に多数応募いただけるようになりました。

また、『Re.muse』の認知拡大に成功した結果、ブランドが持つ可能性と価値が業界関係者にも伝わり、日本のテーラー業界では初となるパリコレクションへの出展オファーが届き、2023年3月にはパリコレクションでのショーを成功させることにつながりました。

他にも、私と共同で運営している月額制オンラインサロンには、勝友美さんに憧れた4,000名以上が参加し、自己実現や起業を志した方がたくさん成長しています。そして、成長を重ねたメンバーが目標達成のお祝いや、新たなチャレンジをする上での自信を求めて、『Re.muse』のスーツを買い求めるという好循環ができています。

このYouTubeチャンネル・TikTokの企画、撮影、編集、その先の集客戦略。さらにオンラインサロンの企画と構築と運営。この全てを勝友美さんと二人三脚で、2年半の間、実行してきました。

◆ なおこ先生＠歯医者

医療法人社団プレシャスワン 理事長

駿河台・デンタルオフィス院長　三木尚子

YouTube チャンネル登録者数 8 万人

TikTok フォロワー数 8 万人（2023 年 6 月時点）

　三木尚子先生は歯科クリニックを経営しながら、自身の歯科医師としての哲学である歯科医療の真髄は「人々の本来の幸せは自身の歯を守り、一生自分の歯で食事ができ、口腔内疾患からくる全身の病気の罹患率を下げること」にあると考え、新しい歯科医療の研究と、もっと世の中の歯に対するリテラシーを上げる手段を模索していました。

　私は三木尚子先生から相談を受ける中で、勝友美さんを成功させた要因を分析しそのまま応用することで、世の中の歯に対するリテラシーの意識を高めつつ、三木尚子先生が開発・監修に関わる素晴らしい歯科医療サービスを世に広げるための TikTok・YouTube の運営が可能だと考えました。

　結果はまさに大反響。2021 年 11 月にチャンネルを開設後、わずか 2 ヶ月で TikTok フォロワーと YouTube チャンネル登録者数が共に 3 万人を突破。月間のユニーク視聴者数もすぐに 200 万人を超えました。

　2023 年現在では TikTok フォロワー 8 万人、YouTube 登録者数も 8 万人を突破。歯科業界トップレベルの人気と信頼のあるアカウントに成長し、人気テレビ番組からの出演オファーも多数ありました。

　三木尚子先生の発信によって、歯に対する興味・関心と意識が高まったという声がたくさん届きました。また、クリニックには「歯を守りたい」「三木尚子先生に診てもらいたい」という患者さんが多く集まり、

新規患者の受付は6ヶ月待ちになるほど。

　さらに、三木尚子先生が推奨する歯ブラシや歯磨き粉などの口腔ケア商品を中心としたECサイトでは、広告費をかけていないにもかかわらず、初月から売上1,000万円を超えるほど人気が集まりました。

　多くの人に見てもらえ、共感し、感動してもらえる媒体に成長したおかげで、たくさんの人の歯の悩みを解決しながら、理想的な形でサービスを提供することができた事例です。

> **◆ みかこ @美尻美脚**
> 叶みかこ MIKAKOKANOU株式会社 代表取締役
> 下半身痩せを得意とするボディメイクトレーナー、1年でチャンネル登録者数20万人を達成。

　彼女は勝友美さんと私が運営するオンラインサロンに参加していて、「WEBマーケティングノウハウを毎日聞いていたら、TikTokのフォロワーが3万人になった」ことをきっかけに、私にコンサル依頼がありました。実際に中身をじっくり見てみると、想定よりもその内容はボロボロ。よく伸びたなと感心すると同時に、それだけ彼女が持つパーソナリティとポテンシャルが高いことに気付きました。

　そこから、改めて私のノウハウで正しく動画コンテンツ制作の指導をした結果、わずか1ヶ月半でYouTubeのチャンネル登録数が1,000人から10万人になったのです。

　当初は兵庫の自分が開いたジムで細々と事業をやっていたのが、今ではオンラインを中心に拡大し、独自のメソッドのオンラインダイエットコミュニティを確立しています。

◆ 北川雄介

北川雄介 株式会社 DIMENTIONING 代表取締役
ボディチューニングにより、アスリートのパフォーマンスを引き出す体のプロ。
YouTube チャンネル運営開始から、1年後、チャンネル登録者数1万人・Twitter1万フォロワーを達成し、日本トップクラスでプロ野球選手が体の調整をしにくるボディチューニングスタジオに成長。

北川雄介さんは独自のボディチューニングメソッドで使えていない筋肉を即座に見抜き、その筋肉を使えるように調整することで、あらゆるジャンルのスポーツ選手のパフォーマンスを最大値まで引き出す高い技術があります。

しかし、世の中には全く認知がされていませんでした。

私は彼の技術を世に広め、ビジネスとして成功させるために、YouTubeを使って認知を引き上げることを提案しました。

最初に、チャンネルの方向性を野球に特化させることにしました。これは北川さんが学生時代に野球を経験していたことと、YouTubeのスポーツジャンルで最も視聴者数が多い野球に絞ることでチャンネルのブランドを明確にするためです。

投稿していったのは北川さんがその場で10分施術するだけで投手の球速をアップするというビフォーアフターの企画動画です。この企画は1本目の動画から10万再生を突破し、「野球の球速アップ」というニッチなジャンルで成功を収めました。

その後も順調に動画の再生数は伸び、わずか30本の動画でチャンネル登録者数1万人に到達。

そして、この動画を見た野球選手が実際にチューニングを受けてみ

たいとどんどん集まり、「北川さんに体を調整してもらえば球速が上がる」という噂がプロ野球業界にまで浸透していきました。

その結果、今ではドラフト候補選手の半分近くの投手が北川さんの指導を受けているという異例の事態になっています。

最近では大リーガーからもオファーがあり、渡米して実際に体の調整を行ってきました。

これらは本当に私の実績の一部ですが、ビジネスにSNSやYouTubeを活用したい人が理想とする、「ブランディング」「認知」「集客」を全て美しく実現するWEBマーケティングノウハウを正しく実践した結果です。

こういう実績を提示すると、「一緒に組んだ人たちが元々良かったからではないか？」といった意見をいただきます。しかし、実際には人が出演しないアカウントでも同様の結果を残しています。

属人性のないアカウントでも「バズり」は達成できる

属人性とは「その人らしさ」のあるアカウントのことです。一番簡単な例は、顔出しをしているアカウントで、投稿者の性別や容姿、服装スタイル、言葉遣いなど、その人の特徴があります。それが親近感につながった結果、「その人」に惹かれてフォロワーになっているユーザーが多いです。

しかし昨今のSNSでは、必ずしも属人性が必要ではありません。

先に紹介したのがYouTubeとTikTokの事例だったので、ここではInstagramで顔出しなしで成功した実績をご紹介します。

　このアカウントは2022年11月にスタートし、1年4ヶ月でフォロワー10万人超えを達成しました。フォロワーの90％は女性で、年齢層は40〜50代がメインです。また、月間のユニークリーチ数（視聴数）は200万人〜30万人、一番多い時には700万人にまで到達しています。

　実は、このアカウント、当社内の女性陣でチームを作って運用していて、企画から発信内容まで全て社内で完結しています。
　ここには当然ながら「属人性」はありません。

　そして驚くべきは、運用チーム内に美容の専門家は1人もいないということです。

　このアカウントは、今後美容業界を攻めていく時に、強い発信力がある美容メディア媒体をInstagram上に自社で持っておきたいという目的で私が企画し、運用チームにノウハウを落とし込んで作成しました。そのため、運用チームはみんな美容に関する専門知識を持ち合わせていません。
　全てオンライン上で集めた情報をもとに、バズる企画に仕立て上げているだけなのです。しかし、それでもバズることができます。

　これまでに紹介した実績はどれもその道の「プロ」でしたが、正直、プロでなくてもバズること自体は簡単にできるのです。
　視聴者にとってはわかりやすく有益な情報であれば、誰が発信しようが同じということです。

また、属人性がないことで受け入れやすいパターンも存在します。属人性が高いアカウントでは、顔役となる演者の見た目や声に対する好き嫌いが情報の受け取りに影響することがあります。どれだけ専門性が高かろうが、見た目などが好みでないだけで情報を受け取る時に抵抗が生じることがあるのです。

　そのため、逆に属人性を消してイラストキャラクターにしてしまう方が好き嫌いが発生しないため、情報をスッと受け取りやすくなることもあるのです。「まゆみ＠10歳若く見られたい」のアカウントは、まさにこのパターンです。

　実際の案件でも、キャラクターを用意して声だけ使用したり、キャラクターも声も別で準備して、コンテンツ監修だけしてもらうケースもあります。

　これはInstagramだけでなく、YouTube、TikTok、Twitterなど全てのプラットフォームで応用できることです。すでに成功している属人生を排除したアカウントもたくさん存在します。属人性がないYouTubeチャンネルを0から立ち上げて、1投稿目から100万再生されることも珍しくありません。

　そして、そこから集客して売上を上げることももちろん可能です。
　つまり、私が繰り返し検証してきたノウハウを活用すれば、誰でもWEBマーケティングで勝つことができるのです。

1 ただバズるだけでは意味がない 目的を達成するための WEBマーケティング

あなたがWEBマーケティングに取り組む目的はなんでしょうか?

売上を増やすことでしょうか?
集客の問い合わせを増やすことでしょうか?
認知を増やすことでしょうか?
ブランディングでしょうか?
それとも、ここに記載した全てでしょうか?

目的に応じて、行うべき手段は変わります。

先に言っておきますが、今の時代、「バズる」ことは難しいものではありません。むしろ、手段を選ばなくて良いのであれば簡単と言えます。

バズらせ方を勉強したことがない人にとっては信じられないと思いますが、バズるだけなら簡単なのです。

実際にTikTokでバズっている中高生はたくさん存在します。彼らには複雑なマーケティングの知識は特にありません。

中高生が遊びの感覚でバズれるのが今のWEBの世界なのです。

だからこそ、単にバズるのではなく、目的に応じたバズり方をしないといけません。特に、ビジネスのためにWEBマーケティングを活用するのであればなおさらです。

目的を明確にせず、バズったけれど何の効果も得られていないビジネス系アカウントが、様々なプラットフォームで山のように存在しています。

　せっかく本書を手に取っていただいたあなたには、そうならないで欲しいと思っています。

ビジネスを成功させるためのバズらせ方と一般人が有名になるためのバズらせ方は違う

　一般人が有名になることだけを考えるのであれば、自分が理想とする競合アカウントのバズっているコンテンツをピックアップし、演者・台本・構成・動画編集・BGMを全て同じにした動画を作るだけで簡単にバズります。

　例えば、美人の女性が恋愛系の発信でバズっているとしたら、

演者 → 同じタイプの美人を用意する
恋愛ネタ → バズっている企画をそのままパクる
台本構成 → バズっている恋愛ネタの台本構成をパクる
動画編集 → バズっている動画と同じ編集テイストにする
BGM → バズっている動画と同じBGMにする

というように動画を制作します。要するに完全にパクればいいのです。ただ演者が違うだけですが簡単にバズります。

　知っておいて欲しいのは、世の中にあるSNS・YouTubeの運用代行業者の9割は、この作業を代行しているということです。

バズっているコンテンツに則っているので、ある程度バズることが期待できます。

　しかしながら、このバズらせ方で果たしてあなたの本業のビジネスは伸びるのでしょうか？

　競合でバズっている企画コンテンツをリサーチして、それをパクってそのままあなたに企画として提案し、競合と同じ編集テイストで仕上げ、コンテンツをWEBにアップする……。

　代行業者に頼むことで、この作業だけでも毎月数十万円という費用を請求されることになりますから、経営にも大きく関わります。

　しかし、残念ながら今は、これが業界のスタンダードな運用となってしまっているのがWEBマーケティング業界の実態です。

　もちろん、無謀な根拠のない運用をするよりは、まだこの運用の方がマシですし、全く何もやらないよりはやった方がいいです。

　でも、美しくもなければ、面白くもないですよね。

　バズるだけなら、誰でもできる。

　しかし、バズるだけでは意味がないのです。

　バズった先が目的を達成させるものになっているかが重要です。

　そして、その目的を達成するためのブランディング、認知、集客、売上構築、その全ての総合的なアプローチ全体を検討することこそが本当のWEBマーケティングです。

2 WEBマーケティングの原点は「誰にどんな未来を届けるか?」

WEBマーケティングを成功させる「コンセプト設計」

　前のページでも述べた通り、WEBマーケティングとはブランディング、認知、集客、売上構築の総合的なアプローチ全体を検討することです。

　最終的なゴールを目指すために、このアプローチはコンセプト設計 → 認知 → ファン化 → 集客 → 信頼構築 → 販売 → リピートという7つのプロセスさらに細分化されます。

　そして、WEBマーケティングにおけるゴールとは、「営業しなくても売れる」状態を作り出すことです。この状態が完成していれば、WEBマーケティングが成功していることを意味します。

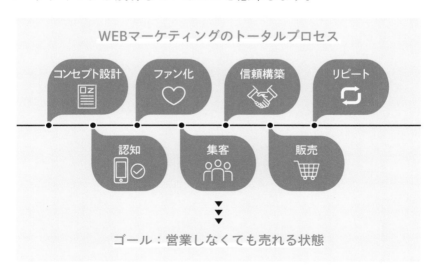

WEBマーケティングのトータルプロセス

コンセプト設計 / ファン化 / 信頼構築 / リピート

認知 / 集客 / 販売

ゴール：営業しなくても売れる状態

例えば、Appleから「新しいiPhoneが出たので買いませんか？」と、電話はかかってきません。しかし、誰もが自発的に買いに行きます。

Amazonから「最近注文少ないですね！買いませんか？」と、電話がかかってくることもありません。しかし、誰もが勝手に買います。

これがWEBマーケティングの究極の状態なのです。

この状態を目指すまでの最初の壁がコンセプト設計です。

WEBの媒体というのは発信することを前提にはじまりますので、その発信のコンセプトを決める必要があります。

ここで言うコンセプトとは何か？

その答えは「誰にどんな未来を届けるか？」です。

人は、自分の未来をより良くするためにお金と時間を投資します。

皆さんの多くが、自分や自分が手掛けるビジネスの認知を広め、さらに売上を伸ばしたいと思っているはずです。その手段として、WEBでの発信が最たるものになっているのは言うまでもありません。

認知を広げる手段としてWEBで発信をする時に忘れてはいけないのは、「その発信を見てもらう」ということは、視聴者であるユーザーに時間を使わせる行為であるということです。

だからこそ、あなたが「誰にどんな未来を届けるのか？」を明確にして発信しなければ、興味を示してもらうことはできません。

意味のある発信とは、視聴者であるユーザーに「このアカウントをずっと追っていれば、理想の未来が手に入る！」と思ってもらえる発信です。

そのうえで、「無料の情報だけで相手の理想の未来を叶えることは
できないから、商品・サービスを通してその理想の未来を手に入れる
サポートをします。だから、お金を払ってください。」と、有料の商
品を買ってもらうことがWEBマーケティングのマネタイズまでの基
本の流れです。

逆に言えば、「誰にどんな未来を届けるのか？」さえ定まっていれば、
バズったけれど集客ができない、売上が上がらないといった問題は一
切発生しません。

よく、「青木さんがプロデュースするアカウントは、ブランディン
グも集客数もその先の売上の作り方まで、トータル的にバランスがよ
くて、美しい」と言ってもらえることが多いです。
私のプロデュースがブランディング、集客、売上の全てを美しく実
現できる最大の理由は、「誰にどんな未来を届けるか？」を誰よりも
意識してコンセプトを作っているからです。
そのコンセプトに共感した視聴者ユーザーが、自分の理想を手に入
れるために、高い確率で商品を購入してくれているのです。

だから、必ず自分に問いかけてください。

あなたは、誰にどんな未来を届けたいのですか？

ここが全てのスタートです。

「誰に」＝ペルソナ設定

マーケティングの専門的な言い方をすると、
「誰に」＝「ペルソナ」
「どんな未来を届けるのか？」＝「提供価値」
です。

ペルソナという単語は、ビジネスをかじる人なら多くの方が聞いたことがあると思いますが、正直なところ、理解のレベルがかなり浅い人が多いです。
　私が定義しているペルソナは、一言で言うと、自分が役に立ちたい理想的な人物像です。
　ペルソナを定義するには、以下の12項目を真剣に考えます。
　特に重要になるのは、最後の悩み・課題を100個出す行為です。

ペルソナ定義のための12項目

1. ピンポイントの年齢
2. 性別
3. 職業
4. 年収・貯金
5. 結婚の有無
6. 子供の有無
7. 恋人の有無
8. 性格
9. 趣味
10. 生い立ち
11. 将来の目標
12. 現在抱えている人生の悩み、課題を100個

100 個の悩みと課題を考え出すのは非常に大変ですが、それだけの価値があります。

　なぜなら、これらの悩みと課題が相手の理想の未来に到達することを阻んでいる場合、ここの解決方法がそのまま発信コンテンツになる可能性があるからです。

　人は自分が望む理想の未来を手に入れるために、お金と時間を使います。ですから、まず自分が最も役に立ちたい理想の人物像が、どんな悩みや課題を抱えているのか？を 100 個、本人になりきって考えてください。これは非常に重要な作業です。

　100 個の悩みを書き出すには、以下の 9 ジャンルでそれぞれ 10 個〜15 個の悩みを考えれば、自然と 100 個に到達します。

お悩み9ジャンルテンプレート

- ☐ お金の悩み
- ☐ 仕事の悩み
- ☐ 恋愛の悩み
- ☐ 夫婦の悩み
- ☐ 友人関係の悩み
- ☐ 家族との人間関係の悩み
- ☐ 健康の悩み
- ☐ 美容の悩み
- ☐ 趣味の悩み

　自分の商品・サービスに関係する悩みだけではなく、ペルソナの人生に寄り添うつもりで、ペルソナの悩みをトータル的に理解することを最重要として実践してください。

　人間という生き物は、日常生活で多くの悩みを抱えていますが、普段はそれを忘れています。

しかし、サービスを提供する側としてはお客様が抱える潜在的な悩みを全て把握する努力が必要です。

　そうすることで、相手は忘れかけていたような悩みに対応する、きめ細かなサービスが自然とできていきます。それを受け取った相手に「そうそう！　こんなサービスが欲しかったんだよ！」と言ってもらえたら、それは最高の褒め言葉です。そして、それを目指すべきなのです。

　例えば、あなたがこれから高級料亭を開業するとします。

　おそらくメインのお客様になるのは、お金に余裕がある 40 代〜 60 代の経営者・投資家の方です。彼らには、奥さんと娘がいることが多いことを考えましょう。

　会食をして自宅に帰ると娘や奥さんから「パパ臭い」と言われるかもしれません。家族のために一生懸命遅くまで仕事をしているのに、自宅での居心地が悪くなり生きづらさを感じるでしょう。

　この「パパ臭いと言われる」という悩みを先回りして把握しておけば、体臭がキツくならない食材や料理法を考えることができます。そしてその方に「この料理は体の血流をよくしたりデトックス効果があって、食事やお酒を飲んだ後に体臭がきつくならずに済みます」と伝えるだけで、「すごく気が利く店だ。さすが一流の店だ」と評価されると思いませんか？

　たったそれだけのことが、他のお店に行かずにこのお店に通う理由になったりするものです。ですから、一見自分のサービスに関係ない悩みであっても悩みを 100 個書き出し、ペルソナの本人の気持ちを深く知ってあげることが重要なのです。

「どんな未来を届けるか?」の想いが
一人よがりになっていないか?

　「誰に、どんな未来を届けるか?」のうち「誰に」を決めることができたら、次は「どんな未来を届けるか?」を考えることになります。
　この時、やりがちなダメな事例をいくつか紹介します。

【ダメな例】
・中小企業の経営者を元気にして、経営がうまくいく未来を届けたい。
・40代〜50代の女性が前向きになれるような情報で明るい未来を届けたい。
・高齢者の方が健康に長生きできる未来を届けたい。

　一見よくできたコンセプトに思えますが、どこがダメなのかすぐにわかりましたか?

　答えは「抽象的すぎる」。

　抽象度が高すぎると漠然としてしまい、提供価値がわかりにくくなります。「提供価値がわかりにくい」というのはSNSやYouTubeの発信において致命的と言わざるを得ません。

　発信を受け取る側は、日々大量の情報にさらされています。
　その中で、あなたの発信に目を留めてもらえる時間はせいぜい0.5秒〜3秒です。
　つまり、3秒以内に、あなたが理想の未来に連れて行ってくれるこ

とに役立つ存在であると認識してもらわない限り、あなたの発信に興味を持つことはありません。

　抽象度が高い未来の提案は、伝わりにくいのです。
　それよりも、具体性が高い方が圧倒的に伸びやすくなります。

> ＜良い例＞
> ・中小企業の経営者向けに、節税・利回りが高い資産運用方法・資金調達方法を提供して、経営者に将来のお金の不安がない未来を提供する。
> ・40〜50代の女性が、更年期の悩みから解放され、心も体も美しく健康的になれる未来を提供する。
> ・高齢者の方に、大きな病を防ぐための予防医学に関する知識で予防医学を通じて健康で長生きできる未来を届ける。

　いかがでしょうか？かなり具体的になったかと思います。
　このメッセージを、あなたが役に立ちたいと思っている「ペルソナ」に3秒以内でアピールすることができれば、あなたの発信に興味を持たせることができます。

「コンセプトが世の中から本当に需要があるか？」を確認する

　コンセプト設計のうえで非常に多いのが、あなた自身は誰かの役に立つ」と思っていることに、意外と世の中の人が興味がないパターンです。
　過去に何千人もの経営者や個人事業主の方の発信にアドバイスをし

てきましたが、残念ながらそのうち8割以上の方は、社会的に需要がないことを需要があると思い込んで発信し、失敗しています。

　そこで、自分の発信が社会から需要があるかどうかについては、必ず確認をして欲しいのです。難しそうに感じるかもしれませんが、世の中のリアルな需要はYouTubeを活用して非常に簡単に確認することができます。以下の手順に沿って確認をしてみてください。

<コンセプトの需要確認>
（1）自分が発信したいと思っている内容に近い内容を発信している発信者をYouTube上で見つける

▼

（2）その発信者の動画一覧のページに飛び、「人気の動画」というボタンを押す

▼

（3）そのチャンネルで高い再生数を誇る数字の動画のタイトルとサムネイルを確認する

　これで出てきた情報をまとめるだけで、特にどんな内容に需要が高いかを把握することができます。
　もし自分が発信しようと思っている内容に近い発信が一つもないとしたら、それはブルーオーシャンではなく需要がないことをやろうとしているかもしれないと気付いてください。

　YouTubeが普及してもう10年以上経過しています。自分がやろうと思い付いたことは「需要があれば、誰かが先にやっているに決まっている」という前提で考えるようにしましょう。

提供しようとしている未来そのものの需要を
具体的な数字で確認する

　次に、自分が提供しようとしている未来そのものに数字としてどの
程度需要があるか？関連する先行者たちの発信の中で特にどんな内容
の動画が視聴者から高い興味を持たれているか？を再生数ベースで細
かく確認するプロセスを踏みましょう。

　これを面倒がらずにやるだけで、簡単に世の中の需要を把握するこ
とができます。

　そして、その需要に対して、自分の届けようと思っている未来は適
切かどうかを考えることができるようになるのです。

　例を出してみましょう。

　あなたはエステサロンの女性経営者で、エステサロンの集客のため
に、SNSやYouTubeを活用したいと考えています。

　メインターゲットは40代の女性です。コンセプトは「40代の女性
がエステを通じて美しく若々しく見られる未来」としました。

　そこで、自分のエステの手技を見せるような動画を作って、そのビ
フォーアフターの動画を作ったり、良いエステティシャンと下手なエ
ステティシャンの違いについて発信すれば、自分のお店の価値に視聴
者が気付き、お店に来てくれるに違いない、と考えたとします。

　そんな人はぜひここで立ち止まり、先ほどの＜コンセプトの需要確
認＞の手順を改めて実行してみましょう。

　まず、エステティシャンがやっているであろうチャンネルを見つけ、
そのチャンネルの動画を人気順に並べてみましょう。

そこで、「エステの手技」「エステでのビフォーアフター」に関する動画が、思ったほど再生数がないことに気付くでしょう。こうなった時に、「なぜ再生数が少ないのか？」を考えなければいけません。

しかし、この情報からだけでは答えは出ません。

その答えを探るため、枠を広げて、40代の美容の発信をして多くのチャンネル登録を獲得しているチャンネルを見てください。そのチャンネルの動画を再生数順に並べてみると、再生数が高い動画は、「セルフケアであまりお金をかけずに、肌の美容をしている動画」であることに気付くでしょう。

つまり、視聴者は、「綺麗になる」という目的に対して手段は一切選んでおらず、とにかく安く手軽に綺麗になれる発信に高い興味を持っているということです。冷静に考えれば当たり前なのですが、自分だけで考えると、案外この事実に気付けません。

このように、美容需要に関する現実を目の当たりにしたうえで、「発信の方向性をどうするべきか？」を改めて考える必要があるのです。

需要がない場合の対処法

自分が考えたコンセプトに需要がない場合は、需要に合わせてコンセプトを作り直す必要があります。

先ほどのエステサロンの例で考えてみると、SNSやYouTubeで需要のある発信が「なるべくお金をかけず、自分で手軽にできる美容法」なのであれば、それに合わせて「エステティシャンが本当は教えたくない自宅でお金をかけずにできる美容法」にしてしまうべきです。

そんなコンセプトにしたら、自分のエステサロンにお客様が来てくれなくなりそうとか、自分のノウハウが世の中にバレて困ると考える人がいますが、それは全て間違いです。

　なぜなら、世の中の視聴者の大半は、あなたが出す無料の情報でそれなりの効果を感じると、「お金を出したらもっとすごい効果を得られるのではないか？」と考えるからです。つまり、直接手技をしてもらったり、あなたが販売・またはおすすめする美容商材を買えば、もっと効果が出るのではないか？と思ってもらえる、「信用・信頼」の土台を勝ち取れるのです。

　もちろん無料の情報だけを見て、実際の購入に至らない人も山ほどいます。
　しかし、そういう人にも意味があります。その人たちは「あの人良いよ」というクチコミを起こしてくれる存在になるのです。そのクチコミが、あなたの知名度と信用と信頼を増やしてくれるわけです。
　最終的にあなたのフォロワーが１万人を超えてくれば、少なくとも１％の100人はあなたの濃い見込み客になるでしょう。

　SNSやYouTubeの発信は面白いもので、一度バズれば、鰻登りに数字が増えていきます。１万フォロワーを達成するのに10ヶ月かかったとしても翌月に２万フォロワー、その次の月には４万フォロワーといった倍々ゲームが普通に起こるのです。あなたをクチコミしてくれる方の数も、あなたの見込み客の数も、倍々になっていくのです。

　そうなると、当初はエステサロンの集客が目的であったところが、別の発想に変わるはずです。

「エステサロンの店舗集客では、店舗から遠くないお客様しか来られない。しかし全国にファンがいる。それであれば、来店しなくても効果が出せる良い商品を開発して、それを全国からアクセスできるECサイトで販売しよう」といった考えです。または、「自分の集客力を武器に、全国に加盟店を作って、その加盟店にファンを送客しよう」といった発想もあります。

　すると、ビジネスモデルがエステサロンからECでの販売やフランチャイズのビジネスモデルに進化することになります。

　このように従来の考え方を一度捨て、オンライン上の需要に自分の強みを合わせるだけで一気にビジネスの可能性が広がります。

　これが本当の正しい、**コンセプト設計**です。

　自分が売りたいもの、自分が集客したいことだけを見て、コンセプトを考えても新たな科学反応は起きません。
　ビジネスは全て、需要ありきです。需要をリサーチして、需要にコンセプトを合わせる努力をしましょう。

3 競合との真っ向勝負で
勝てる差別化ポイントを探す

　あなたのコンセプトが固まったとして、それと似たような競合は必ずと言っていいほど存在します。また、すでに自分ができる発信を先にやられてしまっているケースがほとんどを占めるはずです。

　その時には、差別化ポイントを見出す必要があります。
　ただし、オンラインの視聴者にとっての差別化ポイントと、事業主側が思う差別化ポイントは大きく異なる場合があります。

　事業主側は、「素晴らしい技術」「素晴らしいサービス」「安い価格設定」などにフォーカスした差別化ポイントを作り出しがちですが、これらはSNS・YouTube上の発信においては差別化ポイントになりません。SNSやYouTubeではあなたの技術・サービスを体験することができないからです。また、安い価格設定も「買いたい」という欲求が出てきて初めて登場する検討事項です。

　つまり、オンラインで知り合った人に興味を持ってもらう段階であれば、「素晴らしい技術」「素晴らしいサービス」「安い」は全くもって武器になりません。

　では、どうしたら競合との差別化が図れるのか？

　そのためのポイントが7つあります。

差別化ポイント7点

- [ ] 権威性
- [ ] 性別
- [ ] 容姿
- [ ] 声質
- [ ] 編集
- [ ] 説明のわかりやすさ
- [ ] エンタメ性

　直接会えない視聴者にとって大事なのは、発信者のビジュアルが好きかどうか？信用に値するわかりやすい権威性を持つ肩書きがあるかどうか？好きな声かどうか？編集が見やすいかどうか？視聴者が理解し実践できるような寄り添ったわかりやすさかどうか？シンプルに発信が面白いかどうか？です。

　ここにしか最初は興味がありません。

　発信内容が全く同じであれば、
強い権威性を持っている方の話を聞きます。
容姿が良い方の話を聞きます。
声質が良い方の話を聞きます。
編集が見やすい方を見ます。
説明がわかりやすい方を見ます。
面白い方を見ます。

　つまり、発信の内容は同じでも、競合と比較して自分はどこで勝負することができるかを考えて差別化ポイントを作れば、必ずあなたの

方が好きという人が一定数現れるのです。

　私はよく、「競合の上位互換を作りましょう！」という表現をします。
　結果を出している需要がある競合を見つけて、その競合よりも7つのうちどれかのポイントで上回ったアカウントを作れば、それがそのまま上位互換となります。
　そして、競合に付いているファンをそのまま自分の方に誘導をする。これが最も賢く、早く結果が出るコンセプトと差別化ポイントの作り方です。

4 自分の想いを社会に届けるための WEB マーケティングの 全体像を理解する

　コンセプトと差別化ポイントの作り方を理解したところで、いよいよ、WEBマーケティングの全体像の話に入っていきます。この全体像の話はすでに2回目の登場になりますが、それだけ重要です。ここを理解できていないと、「がむしゃらにSNSを頑張っても結果が出ない」「プロにお願いしても効果が出ない」ということになってしまいます。

　本書でもこの全体像に沿って、それぞれの詳しい攻略方法を解説していますので、まずはこの流れを覚えて欲しいと思います。

　勝てるコンセプトを見出した後に行うべきことは

　どのように**認知を獲得し**
　どのように**ファンを増やし**
　どのように**集客し**
　どのように**信頼を勝ち取り**
　どのように**販売し**
　どのように**リピートを生むか**

を考えることです。

　覚えて欲しいのは、この**認知、ファン化、集客、信頼構築、販売、リピート**のトータルプロセスが WEB マーケティングであるということです。

そしてマーケティングにおけるゴールとは、営業しなくても販売・リピートが生まれる状態を作ることです。

このゴールは、難しく考えなくても、認知からリピートまでの6プロセスを順番に正しく攻略をしていけば、自然と達成することができます。そのためにも、この6プロセスが存在する意味をもう少し深く理解しましょう。

まず、オンラインにおける「認知」とは、YouTube・SNSでフォロワーを増やすことです。しかし、ここで注意すべきなのはフォロワー＝あなたのファンではないという点です。

世の中の人は、こちらが思っている以上にかなり軽い気持ちでフォローやチャンネル登録をします。

「なんとなくこの人の発信は私の役に立ちそう」
「なんとなくこの人の見た目が好き」
「なんとなくこの人の声が好き」
「なんとなくこの人面白いから好き」

これぐらいの感覚です。

ですから、フォロワーがいっぱい＝ファンがいっぱい、とはなりません。

実際に、フォロワーはいっぱいいるのにいざ自分のオフラインのイベントはぜんぜん来てもらえない、オンラインサービスは全く買ってもらえない、そんな発信者が多発しています。

彼らが理解するべきことは、「フォロワーはいるけれどファンは少ない」という事実です。

だからこそ、**認知の次は「ファン化」**というプロセスが存在します。ファンになってもらって初めて「集客」ができるからです。

ここで言う集客とは、見込み客として連絡が取れるリストを集めることです。こちらから連絡が取れなければ、販売のためのセールスアクションをかけることが一切できません。

つまり、集客とは見込み客リストを作ることなのです。

しかし、実際は、こうして作った見込み客リストに対していきなりセールスを仕掛けても、売上につながらないケースが多いです。

もちろん買ってくださる方もいますが、大半の人は、「サービスや商品に本当に払ったお金以上の価値があるかどうか？」を見極めたいという心理が働くため、すぐには買ってくれないのです。

そこで必要になるのが「信頼構築」のプロセスです。

信頼構築の本質は、あなたの商品・サービスにお金を払ったら、必ず払った以上の価値が返ってくるという安心感を作ることです。

そして、**信頼を勝ち得た状態で「販売」**をするから、飛ぶように売れるのです。

売れたら今度は**定期的に「リピート」**してもらうための施策を構築していきます。

ここまでを全て丁寧に作り込んでいくことがWEBマーケティングです。

改めて言いますが、WEBマーケティングとは、認知からリピートまでのトータルプロセスです。

第2章以降では、コンセプト設計後の6つのプロセスにおいて、どのようにアクションを選択していけば、効率的にマーケティングを作り込んでいけるかを解説していきます。

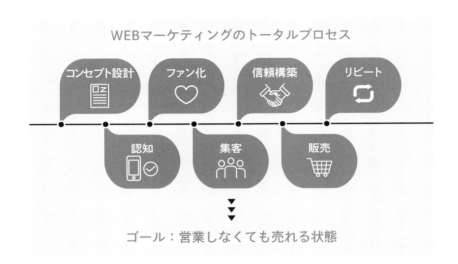

WEBマーケティングのトータルプロセス

コンセプト設計　ファン化　信頼構築　リピート

認知　集客　販売

ゴール：営業しなくても売れる状態

第2章

WEBマーケティングにおける認知の作り方 ～YouTube篇～

5

WEB マーケティングに
おける認知の手段

AIでバズるプラットフォームを選ぶことが
勝ちへの第一歩

　さて、ここからはWEBマーケティングにおける「認知」の獲得方法を各プラットフォームごとに解説していきます。

　本書では、この「認知」のプロセスをかなり丁寧に取り扱っています。なぜなら、WEBに限らず、マーケティングでは「認知」を取らないとその後の売上につながる流れを生み出すことは不可能であり、さらに「認知」を取ることが一番大変だからです。

　大きな資本力がある企業は、この認知を取るために莫大な広告費を使いTVCMを打ったり、YouTube広告などのデジタル広告を出稿したりしているわけです。

　しかし、ここではそのような莫大な予算は必要ありません。費用がかけられなくても認知を獲得し、商品を売ることができるロジックを解説していきます。

　まずは、大前提としてWEBで認知が獲得できるプラットフォームをおさらいしておきましょう。

　2023年現在、WEBマーケティングにおける認知の手段としては主に次の手法が存在します。

<WEB マーケティングにおける 認知の手段 >
・ YouTube
・ YouTube Shorts
・ TikTok
・ Instagram
・ Twitter
・ Facebook
・ Google SEO ブログ

　結論から言うと、YouTube・YouTube Shorts・TikTok のいずれかからチャレンジをするのが正解です。

　なぜこの 3 つが正解かというと、フォロワー 0 でも AI がバズらせてくれるプラットフォームだからです。ただし、「どうしても動画が無理！」という場合は、Instagram が候補に挙がります。

　あなたがこれから本気で成功したいのであれば、当然ですがあなたはフォロワー 0 からのスタートになります。話を聞いてくれる友達は、一人もいないということです。それをしっかり認識してください。

　ここで、「勝つために何を選ぶべきか？」を間違えると、あなたのWEB での成功は大きく遠ざかります。

　この中で、Twitter が外れるのは意外かもしれません。ビジネスのために Twitter での発信を頑張っているアカウントも多く見受けられます。

　しかし、Twitter はそもそもの拡散の考え方が正解として候補に挙げたプラットフォームとは異なります。

Twitterはあなたの投稿を拡散しようとするフォロワーがいて、初めて投稿が拡散されます。この仕組みはRT（リツイート）と呼ばれています。

　ユーザーAの投稿をユーザーBがRTして初めて拡散、バズりとなって広がっていき、新たな人に自分を知ってもらうことができます。

　さて、フォロワーが0人だったらどうでしょうか？
　誰があなたをバズらせてくれるのでしょうか？

　つまり、Twitterは人がバズらせるのです。

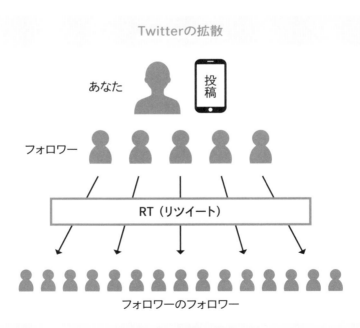

Twitterの拡散

あなた

投稿

フォロワー

RT（リツイート）

フォロワーのフォロワー

フォロワーがいないと拡散しない

今度は YouTube を見てみましょう。

YouTube は誰がバズらせると思いますか？

答えは、AI です。

　YouTube というプラットフォームは、「おすすめ」によって成り立っています。ほとんどの視聴者が検索からではなく、おすすめされた動画の中から面白そうなものを再生しているのです。実際に、再生の8〜9割はおすすめからの再生です。

　つまり、YouTube の AI に「よくおすすめされる動画」になれば、必然的に再生数は伸びるのです。「AI のことなんてよくわからない……」と思うかもしれませんが、バズるためにはこの AI に仕組みを理解することが必要不可欠です。

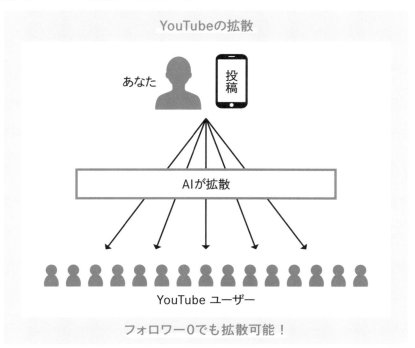

YouTubeの拡散

あなた　投稿

AIが拡散

YouTube ユーザー

フォロワー0でも拡散可能！

本書でこの YouTube の AI がどういうロジックに基づいておすすめしているのか？の基本を理解し、その基本を押さえた動画作りをすることができれば、フォロワーが 0 人だったとしても容易にバズることが可能です。

　私も過去に数え切れないほど経験していますが、YouTube にはこの AI があるから、1 本目の動画から 100 万再生を達成するといった現象も起きるのです。

　この YouTube の AI のロジックのことを、通称「YouTube のアルゴリズム」と言います。このアルゴリズムの解説は後ほど詳しく行いますので、楽しみにしていてください。

　YouTube Shorts や TikTok も YouTube と同様の理由です。バズるかどうかは、それぞれの AI のアルゴリズムが判断しています。

　動画がどうしても苦手な場合、Instagram が候補に挙がる理由も AI のアルゴリズムが Instagram で投稿した自分の画像をおすすめしてくれるからです。ただし、Instagram の場合、0 フォロワーの時は「バズる」という現象は起きにくく、1,000 〜 2,000 フォロワーぐらいまでは地道に伸ばす必要があります。特に、Instagram でも動画を使わない場合はこの地道な作業の手間がさらに増えます。これらの理由から勢いに欠けるため、次点としています。

　苦手でも動画を克服するか、克服せずに画像だけで伸ばすのか。どちらが良いか迷ったら、この後の各プラットフォームの攻略の考え方を読んで、考えてみてください。

6 アルゴリズムにバズらせる ための共通原則

バズるためのアルゴリズム

　ここまでくると、「バズりを生むアルゴリズムとは何か？」ということが気になってくるはずです。まずは、全てのプラットフォームに共通する、バズりを生むアルゴリズムの基本について解説します。

　アルゴリズムとはそもそも何者か？
　一言で言うと**プラットフォーム運営者の望みを叶えるロジック**です。

　プラットフォーム運営者の望みは、「自分が運営するプラットフォームを利用する人がたくさん増えて、長い時間をそのプラットフォームで消費し、プラットフォームに広告を出したい企業が増えて、その企業から広告収入を稼ぐこと」です。
　YouTube や SNS プラットフォームは広告費が主な収入源のため、こうして稼ぐことがプラットフォーム運営者の望みであり、この望みを達成するためにアルゴリズムが存在しています。

　これが大前提と考えると、プラットフォーム運営者の望みを実現するための核となるのは、なるべく多くの人に長い時間利用してもらうという部分です。
　広告主はより多くの人に自分の商品を知って欲しくて広告を打つわけですから、プラットフォーム側はこの部分を達成することができれ

ば、自然と広告主が集まります。シンプルに、なるべく多くの人に長い時間利用してもらうことが重要なわけです。

さて、あなたがプラットフォームの運営だったとして、この望みを達成するためにはどんなアルゴリズムを作ればいいでしょうか？

まず、絶対条件として、プラットフォームを利用するユーザーに楽しんでもらう必要があります。楽しいと感じるものは頻度高く、長い時間利用しますから当たり前です。

では、ユーザーが「楽しい！」と感じるコンテンツとは何でしょうか？

正解は「ユーザーひとりひとり違う」です。

皆さん忘れがちですが、よく考えてみれば当然の話です。
サッカーのコンテンツを楽しいと感じる人、野球のコンテンツを楽しいと感じる人、お笑いのコンテンツを楽しいと感じる人、メイクに関するコンテンツを楽しいと感じる人、ビジネスに関するコンテンツを楽しいと感じる人……。本当に、人それぞれ楽しいと感じるコンテンツは違います。
それであれば、ユーザーひとりひとりの趣味趣向に合わせて、そのユーザーが興味のありそうなコンテンツを自動でおすすめするアルゴリズムにするのが「楽しい！」と思ってもらうには手っ取り早いのです。

この時一番簡単なアルゴリズムは、直近の視聴履歴の中から特にユーザーが興味を示したコンテンツから趣味趣向を割り出し、それに類似するコンテンツを紹介することです。

直近に見ていたものと近いコンテンツは、楽しんでもらえる可能性が高いわけです。具体的に言えば、直近サッカーのコンテンツをよく見ているのであれば、サッカーのコンテンツをおすすめするということです。

　しかし、ここで問題が起こります。
　それは、おすすめするサッカーのコンテンツの中にも、面白いものとつまらないものが存在することです。つまらないものをおすすめしてしまうとプラットフォームの利用離れに直結します。そのため、プラットフォームの運営としては、何としても面白いサッカーコンテンツを紹介する必要があります。

　そこで、それぞれのプラットフォームでは様々存在するコンテンツに対して、それが面白いかを比較するための評価点数を付けています。

「面白い」を評価する軸は４つ

　YouTubeにアップされたコンテンツは、主に以下の４つの数値的な評価軸で、ユーザーに面白いと思われているかどうかを評価されています。

> ＜コンテンツの基本評価軸４つ＞
> ・平均視聴クリック率
> ・平均視聴時間
> ・視聴後のリアクション（いいね、コメント、シェア、保存）
> ・「おかわり」の割合

平均視聴クリック率

　とあるプラットフォームでアップロードされた動画を、AIが試しに100人におすすめしたとします。おすすめされたユーザーは、動画のサムネイルやタイトルを見て視聴をするかどうかを考え、見ると決めたら「クリックまたはタップ」をして視聴をはじめます。

　この100回の表示に対して何回「クリックまたはタップ」されたか？が視聴クリック率です。当然クリック率が高い方がユーザーの興味を引きやすいコンテンツということなので、評価も高くなります。

平均視聴時間

　動画がクリックされ視聴がはじまった後、1分の動画に対して平均何秒の視聴があったか？のデータが平均視聴時間です。

　平均視聴時間が20秒の動画と40秒の視聴の動画があったら、当然40秒の方が優秀な動画と評価されます。長くユーザーをプラットフォームに引き止めることに成功していますし、コンテンツが面白いから長く視聴したと考えるのが自然な発想です。

視聴後のリアクション

　視聴後にユーザーが何かアクションをしたか？というデータも指標の一つです。いいねボタンを押したり、コメントをしたり、コンテンツを友人にシェアしたり、また見たいと思って保存ボタンを押したり……。これらのユーザーの行動がよく発生するコンテンツは評価が高くなります。

「おかわり」の割合

「おかわり」とは、同じコンテンツを繰り返し見たり、同じ投稿者が作った別のコンテンツを探して見に行く行動パターンのことを指しています。

ユーザーは視聴した動画がとても面白かった場合、もう一度見るといった行動を取ることがあります。この場合、ユーザーからは面白いと思われていると考えるのが自然です。

おかわりでリピート視聴が発生している割合が多ければ、プラットフォームからは高い評価を得ることができます。

このようにコンテンツを評価するのが、現代の WEB プラットフォームの基本的な考え方です。

各プラットフォームはこの評価をコンテンツに対して自動で行っています。

先ほどのサッカーのコンテンツで言うと、90 点のコンテンツと 80 点のコンテンツがあれば、90 点のコンテンツを優先的にサッカー好きにおすすめしているのです。そうすれば、高い確率でユーザーは楽しんでくれて、そのままプラットフォームの利用時間と利用頻度が増えていくわけです。

このようにユーザーを楽しませ、長くたくさん利用してもらうための仕組みがアルゴリズムです。

評価の点数配分はプラットフォームによって異なる

　プラットフォームによって特徴が違うということは、プラットフォームの運営者の考え方に応じて、重要視する評価軸に差があるということです。先ほどの4つの主な評価軸でも、プラットフォームによって点数の配分が変わるのです。

　例えば、100点を満点として、仮にYouTubeの場合は以下のような配点割合になっているとしましょう。

```
<YouTubeの場合> ※具体的な点数配分は仮定の数字で実際の数値は公表されていません。
平均視聴クリック率          25 点
平均視聴時間              40 点
視聴後のリアクション        15 点
「おかわり」の割合          20 点
                                    合計 100 点
```

　これが、Instagramになると、以下のように配分が変わります。

```
<Instagramの場合> ※具体的な点数配分は仮定の数字で実際の数値は公表されていません。
平均視聴クリック率          10 点
平均視聴時間              40 点
視聴後のリアクション        40 点
「おかわり」の割合          10 点
                                    合計 100 点
```

今回用意した暫定の点数配分の例で比較していくと、YouTubeでは平均視聴時間＞平均視聴クリック率＞「おかわり」の割合＞視聴後のリアクションの順で評価軸が重要視されていますが、Instagramでは平均視聴時間と視聴後のリアクションの2軸が特に重要視されていることになります。

　このように、プラットフォーム運営者の考え方が反映されるため、評価軸に対する点数配分が異なるのです。
　言ってみれば、大学入試で試験科目事体は数学・国語・英語で同じだったとしても、大学ごとに評価する軸の重要視ポイントが違うのと同じです。ここには、どのような受験生を大学に迎え入れたいか？という大学の思想が反映されます。

　同じようにWEBプラットフォームにはそれぞれ思想が存在しており、その思想が評価軸に強く影響します。そして、その評価の仕組みがアルゴリズムという言葉に変わるわけです。よって冒頭の通り、アルゴリズムとは、プラットフォーム運営者の望み（思想）を叶えるためにあるのです。
　ですから、プラットフォームごとに運営者の望みを強く意識し評価軸にあった適切な面白いコンテンツを作れば、高い評価点数を得ることができ、ユーザーにたくさんおすすめされて「バズる」という現象が起きるわけです。

　私が自由に様々なWEBプラットフォームでバズらせることができる理由は、このアルゴリズムへの理解と、プラットフォームごとの評価点数の比重の違いを計測し、検証しているからです。

7

YouTube でバズるための
アルゴリズムの原理原則と
バズるコンテンツの作り方

YouTubeでバズるためには「釣り」に行け

　では早速認知の手段の代表格である、YouTubeでバズるコンテンツの考え方を説明します。実は、このプラットフォームでバズるコンテンツは、「釣り」の考え方で9割の説明が可能です。

　さて、あなたは急にできた休みに釣りに行こうと思いました。
　その時、あなたは何を考えるでしょうか？
　きっと以下の4つのポイントを順々に考えるはずです。

（1）何の魚を釣るか？
（2）釣りたい魚はどこだとよく釣れるのか？
（3）その魚が好きな餌は何か？
（4）その魚を釣るのに耐えられる釣竿は何か？

　実は、YouTubeをバズらせるために考えるべきことも同じなのです。この釣りの理論をYouTubeに当てはめると、次のように置き換えられます。

> ＜釣りの考え方をYouTubeに置き換える＞
>
> （1）何の魚を釣るか？＝ペルソナ
>
> （2）釣りたい魚はどこだとよく釣れるのか？
>
> 　　　＝ペルソナは普段何のコンテンツを見ているか？
>
> （3）その魚が好きな餌は何か？
>
> 　　　＝どんなサムネイル・タイトルだと食い付くか？
>
> （4）その魚を釣るのに耐えられる釣竿は何か？
>
> 　　　＝長く視聴してもらうための動画内容と編集

なんとなくイメージできたでしょうか？
もっと詳しく説明しましょう。

YouTubeを大きな海だととらえてください。
海の中には、色々な魚がたくさんいます。
そして、魚の多くは群れで行動します。
イワシの群れ、アジの群れ、マグロの群れ、様々な群れがいます。
そして、この魚＝視聴者なのです。

　視聴者には様々な傾向があり、YouTubeはその傾向を分類して管理しています。
　例えば、18歳〜24歳、アニメ・漫画好きの人をイワシとしましょう。このイワシは、アニメ考察、アニメ解説、漫画考察、漫画解説、ゲーム実況といったコンテンツが大好きです。あなたがイワシを釣りたければ、アニメ考察、アニメ解説、漫画考察、漫画解説、ゲーム実況の動画を餌として用意すればいいわけです。

　YouTubeにアニメ考察の動画をアップロードすると、YouTubeの

AIは賢いのでこの餌（動画）はアニメ考察だと理解し、アニメ考察が好きなイワシにおすすめしてくれます。

さらに反応が良ければ、他のイワシにもおすすめします。

そこでも反応が良ければ、この餌は良質ですごくイワシに喜ばれると判断し、もっともっとたくさんのイワシにおすすめしてくれます。

このように、動画の評価と共に拡散量が増していくのがYouTubeの考え方です。たったこれだけの考え方で、再生数は簡単に1,000、1万、10万、100万再生と拡大していきます。

「YouTubeに動画をあげてみたれけど100再生もされない」という人は非常に多いです。その人は釣りたい魚を考えず、自分が良いと思って作ったオリジナルの餌で適当に海で釣りをして「釣れなかった〜！」と騒いでるのと同じことです。

釣りであれば「そりゃそうだ」と非常にわかりやすい話ですが、YouTubeになるとこの当たり前を認識できていない人がほとんどなのです。

良い釣り場には「競合」がいる

しかし、ここまでの話を理解してYouTubeに取り組んでも、結果が出ないことがあります。この時登場するのが競合という概念です。

先ほどの釣りの例でまた考えてみましょう。

あなたはイワシを釣りたいので、イワシがいるスポットを調べてイワシが好きな餌も用意しました。

そして、釣りに出かけると、なんとそのスポットには大量の釣り人

がいたのです。とりあえず自分も釣りをはじめてみるのですが、釣り人が多いせいか思うように釣れません。

　この同じように釣りをしている人が競合に当たるわけです。

　この状況にぶつかった時、あなたはどのように競合を出し抜くのが正解かを考えないといけません。同じスポットで競合に勝たないといけない状況の時、基本的な方法論は以下の2つです。

（1）競合よりも釣りの実力を高める。
（2）競合がやっていない釣り方を編み出す。

競合よりも釣りの実力を高める

　釣りの実力を高めるために必要なことは、そのスポットで最もよく釣れている人を見つけること。そしてその人が使っている、餌・釣竿の使い方について研究することです。まずはそれらを完全に真似るところからはじめます。

　YouTubeも全く同じで、バズるためには当たりのサムネイル、当たりのタイトル、当たりの企画を真似しましょう。この概念を理解したうえで、同じように釣りをする。これだけで食い付く魚の量は一気に増えます。

　さらに、魚が食い付いている時間をできるだけ長くできるとより簡単に釣ることができます。この時間を伸ばすのが「動画の質」に該当します。動画の質とは、主にどれだけ編集が面白いかです。

　つまり、一番たくさん釣れている人と同等以上の編集クオリティに

なるように真似すればいいのです。さらに理想を言えば、競合に勝てる要素を一つでも見出し、その部分を変えた上位互換の動画を作ることができれば、実は、あなたは競合より釣りがうまくなっています。

　繰り返しになりますが、競合と比較する時に比較検討するべき要素はSNS・YouTubeにおける差別化ポイントとしてすでに説明した「権威性」「性別」「容姿」「声質」「編集」「説明のわかりやすさ」「エンタメ性」の7つです。

　このポイントに絞って自分が競合に勝てる要素を見出すことができれば、イワシから見て「他の競合の餌より魅力的に映る確率」が上がります。そして、あなたはその釣り場スポットで勝てるようになるのです。これが最も王道で簡単な戦い方であり、初心者はここからやるべきです。

　このプロセスを実施することで「基礎力」が磨かれます。

　全てに通じることですが、初心者はうまい人の真似をすることが上達の近道です。そして、基礎力が付いて初めて応用の段階になり、最終的には競合に勝つための戦略が重要になっていくのです。

YouTube のコンテンツ評価軸

　ここであなたの釣りを YouTube はどのように評価するかを知っておきましょう。

　YouTube でバズるために重要視されている評価項目は、下記の5つです。この5つのポイントが競合よりどの程度優れているかで評価点数が決まり、評価点数が高ければ競合よりも優先的に、狙っている魚に自分の動画がおすすめされます。

＜ YouTube の評価軸＞
- **視聴クリック率**
  　＝魚に餌を見せた時に、食い付きが発生する確率
- **平均視聴時間**
  　＝食い付いた後に、平均何秒食い付かせることができているか？
- **平均視聴維持率**
  　＝どれだけ長く良い状態の食い付きを維持できているか？
- **視聴者からの視聴後のアクション**
  　＝魚が餌に食い付いた後に、魚がどれだけ喜んでいたか？
- **リピーター発生率**
  　＝一度食い付いた魚が、自分の他の餌も食べにくるか？

　細かいことを言えば他にもたくさんありますが、YouTube において初心者が意識するべき評価軸はこれしかないと言えます。

　1つ目の戦い方を努力する過程で、自分の釣りの実力が上がっているかどうかは、上の5つの指標で確認し続けてください。

競合がやっていない釣り方を編み出す

　釣りの戦略としては「競合がやっていない釣り方を編み出す」方法も存在します。具体的に説明すると、競合がまだ使っていない、イワシから見て魅力的な可能性が高い餌を狙って編み出すということです。

　釣り人みんなが同じ餌を使っていたら差は付きませんし、イワシもだんだん飽きてきて「また同じ餌か」と思って食い付きが悪くなります。こうなると、イワシは「新しくて斬新だけど、自分が大好きな何か？」を求めはじめます。

　釣る側としてもイワシの食い付きが悪くなれば、イワシの求める「新しくて斬新だけど、魚が大好きな何か？」を考えなければなりません。

　この時、多くの人は完全オリジナルの餌を自分で考えてイワシを釣ろうとします。しかし、「完全なオリジナル」はYouTubeをビジネスに生かしたいのであれば絶対にやってはいけません。

　やるべきなのは、競合がやっていない、他の似た魚に人気の新たな企画を試すことです。例えば、イワシは青魚に分類されるので、「他の青魚に人気の餌をイワシが好みそうな形状にして餌にしてみる」といった考え方です。

　YouTube的に考えると、人気漫画『ONE PIECE（ワンピース）』の考察の動画をアップしている場合、『ONE PEICE』の考察で競合が当たっている企画を真似するのではなく、他の漫画考察で人気の企画をリサーチして自分のチャンネルに持ち込むということです。

もっと具体的に説明すると、『名探偵コナン』の考察チャンネルで「コナンに登場した、ゲスすぎる犯罪者 TOP5」という企画が当たっていれば、「ワンピースに登場した、ゲスすぎる登場人物 TOP5」のように自分のターゲットに合わせて加工した企画を試すということです。

　最初は競合が当たっている企画を模倣するスタートでも良いですが、ある程度人気が出てきたら、競合よりも先手を取らないといけないフェーズに到達します。
　この時に重要になるのが、いかに高い確率で新規企画を当てるかです。そして最も簡単な方法が、他のジャンルで当たっている企画を自分のターゲットに合わせて打ち出すという方法なのです。

　ビジネス全てに通じることですが、当たっている企画を輸入する思考が最も高い確率で成功します。
　一般的にタイムマシン経営と呼ばれる考え方で、先行しているアメリカで当たっている IT サービスを日本人向けに改良し、似たようなサービスを作って販売すると、日本人からは「斬新だ！すごい！」と喜ばれヒットするといったことがあります。

　これと全く同じ考え方なのですが、YouTube では、アジ釣りでは当たり前の人気企画がなぜかイワシ釣りでは実施されていない。こんなことが日常茶飯事なのです。

YouTube のバズらせ方を理解したうえで
自分のビジネスにどう当て込んで戦うか？

　ビジネスのために YouTube を活用する時には、ビジネスにつなが
るバズを生み出すことができる、かつブランディングを崩さない絶妙
なバランスのコンテンツを作り上げる必要があります。

　そこで最初に、リクルートが編み出した「 Will‐Can‐Must 」と呼
ばれるフレームワークの考え方を YouTube でのビジネスワークに応
用して考えます。私も実際の案件の際には、このフレームワークを活
用しています。

> Will ： 　自分がやりたいこと
>
> Can ： 　自分ができること
>
> Must： 　社会が求めていること

　3つの要素が重なる真ん中が、最もうまくいきやすい商品・サービス・
企画になります。

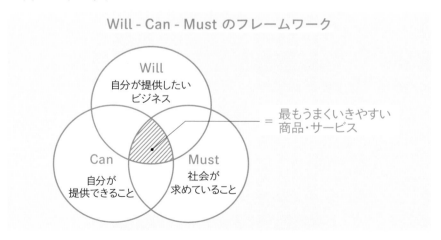

Will‐Can‐Must のフレームワーク

これを YouTube でのビジネスワークに当てはめると、以下のように
になります。

この3つの調和を取ることが必要です。

ここで最初に成功事例として出した、「ボディチューニング」とい
う技術を持つ北川雄介さんの例を紹介しましょう。

北川さんがやりたいことは、自分のボディチューニングの技術を通
じてアスリートのパフォーマンスを高める支援であり、その支援を通
じてビジネスを成功させることでした。これを先ほどのフレームワー
クに当てはめて整理すると、Will と Can は以下のようになります。

Will ：自分がやりたいこと
＝ボディチューニングの技術を活用しアスリートのパフォーマンス
　を高める支援、ビジネスの成功。
Can ：自分が提供できること
＝アスリートのパフォーマンスを高めるボディチューニングのスキ
　ル、アスリートのパフォーマンスを高めるための情報提供。

この2つが明確になれば、後は YouTube で成功するための「 Must
＝社会が求めること」を調査し、3つのバランスの取れたコンテンツ

を考えれば OK です。

　Must の調べ方は非常に簡単で、YouTube でヒットしている（再生数が多い）コンテンツをリサーチします。そうすれば、YouTube 上でアスリートという魚がどんなコンテンツを好んでいるかがわかります。それがそのまま「社会が求めること」に該当します。

　アスリートの人気コンテンツをリサーチをした結果、スポーツ系のコンテンツで最も再生数が高いジャンルは、「野球」であることがわかりました。野球は、日本では競技人口も多く、テレビで観戦している人も非常に多いです。

　それであれば、北川さんのボディチューニングの技術をなるべく多くの人に認知させ、ブランディングをしていくためには「野球」というジャンルで勝負するのが効率的と考えました。

　改めて北川さんが野球というジャンルできることを考えると、「ボディチューニングを通じて、野球選手のパフォーマンスを上げる」というのが一番わかりやすいという考えに至りました。

　そこが決まったところで、「野球選手のパフォーマンスを上げる」というコンテンツを面白くわかりやすく伝える企画を考えるため、YouTube でスポーツ、フィットネス、筋トレなどのジャンルでヒットしている企画をリサーチします。

　その結果、「ダイエット後のビフォーアフター」という当たり企画が存在することに気付きました。これをそのまま応用し、「野球選手のパフォーマンスをボディチューニングで引き上げて、ビフォーアフターを見せる」という企画を立てました。

さらに、ダイエットビフォーアフターで重要なポイントを分析すると「何キロ痩せた」という「数字」が重要であることもわかったため、この数字の変化を見せることも要素として取り入れます。

　こうして、「ピッチャーの球速をボディチューニングで引き上げて、ビフォーアフターを見せる」という企画ができ上がったのです。
　この動画をリリースすると、1本目から10万再生を記録しました。

　このようにして、YouTubeでバズるコンテンツの作り方とビジネスでやりたいことを調和させることで、ビジネスにつながるコンテンツをバズらせることができるのです。

▶ 実際の動画はコチラ

10分の施術で大学野球ピッチャーの球速10kmアップ！
驚愕のボディーチューニング！テクニカルピッチ計測

https://www.youtube.com/watch?v=Vagsj6AcWqs

　そして、ヒットしたコンテンツをベースに、それを何度も繰り返すことも重要です。動画が1本だけだと、視聴者は「たまたまじゃない？」と疑いを持つので、何度も何度も同じ企画を別選手で試した動画を出すことで、「これは本物だ！」という確信に到達します。

北川さんはこの YouTube の企画をきっかけにブレイクし、今や日本中のプロ野球選手から注目を浴び、多くのプロ野球選手が北川さんの元にボディチューニングを依頼しにくるようになりました。

　また、数多くのトレーナーが北川さんの弟子になりたい！と押し寄せ、ボディチューニングを教えるサービスもたくさん売れています。

　YouTube とビジネスの調和は可能性が無限大です。

　ぜひ、チャレンジしてみてください。

第3章

WEBマーケティングにおける認知の作り方 ～YouTube Shorts・TikTok篇～

8

YouTube Shortsでバズるための
アルゴリズムの原理原則と
バズるコンテンツの作り方

YouTubeとYouTube Shortsの違いを理解せよ

　YouTube Shortsは2021年7月にリリースされたYouTubeの機能で、最大1分間の縦型動画が投稿できるプラットフォームです。TikTokに対抗するために作られたプラットフォームと言われており、実際の使い勝手もTikTokとほぼ同じになります。

　YouTube内に実装されており、アプリでもブラウザでもYouTubeを開くと「ショート」と表示される視聴するエリアが存在します。

SP版

PC版

この YouTube Shorts は、YouTube と同じ感覚（釣りの感覚）で行うと再生数が伸びません。

　理由は YouTube で動画が再生されるまでの流れと、YouTube Shorts で動画が再生されるまでの流れが異なるからです。

　それぞれの動画が再生されるまでの流れは以下の通りです。

< YouTube で動画が再生される流れ >

（1）視聴者の過去の視聴履歴から興味が高い可能性がある動画を YouTube の AI アルゴリズムがピックアップし複数おすすめする

▼

（2）視聴者はサムネイルとタイトルを流し見しながら、特に興味を引いた動画をクリックして再生する

▼

（3）再生した動画を視聴者が長くじっくりと見ているようであれば、興味が高い動画として AI アルゴリズムが認識し、似た動画をおすすめする

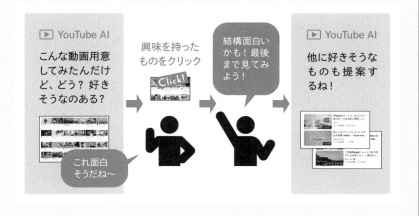

＜ YouTube Shorts で動画が再生される流れ＞

（1）視聴者の過去の視聴履歴から興味が高い可能性がある動画を、
　　　いきなり再生する

▼

（2）視聴者は再生された動画を見るかどうかを、最初の2秒から
　　　7秒で判断する

▼

（3）視聴者が最後まで動画を見たかどうか？動画を見た後で
　　　いいね、コメントなど、リアクションがどのぐらい発生したか？で
　　　動画のクオリティと視聴者の好みになっていたかを判断し、
　　　別の動画をおすすめしていきなり再生する

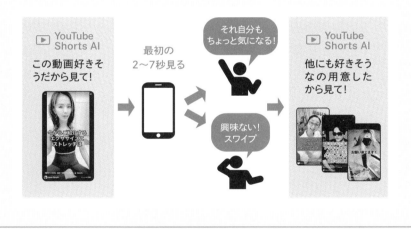

　つまり、「その動画を見るかどうかの判断ポイント」が YouTube で
あれば再生前、YouTube Shorts であれば再生後というわけです。ささ
いな違いに感じるかもしれませんが、実はここが大きく異なるポイン
トです。

再生前に見るかどうかを決めるYouTubeの場合は、**サムネイルと**
タイトルが最も重要になります。一方で、YouTube Shortsの場合は
動画が再生されはじめてから見るかどうかを判断するわけですから、
動画の最初の2秒〜7秒に最も力を注ぐ必要があります。
　ゲームだとしたら、2つは全くルールが違うと認識してください。

　また、YouTubeと違って、YouTube Shortsは動画の再生時間が最
大で1分しかありません。この違いによりバズるコンテンツの法則が
大きく変わります。

YouTube Shortsでバズるコンテンツの法則

　前項でYouTubeの本質を釣りに例えましたが、YouTube Shortsの本質は「最後まで見させるゲーム」です。例えがわかりづらく申し訳ないのですが、現状これ以上の言い方が存在しません。

　YouTube Shorts・TikTok・Instagram リールといった、ショートムービープラットフォームにおけるバズるロジックは、原則全て同じです。**ユーザーが最後まで見てしまう確率が高い動画が優秀**だと判断されます。

　つまり、考え方はシンプルで、いかにユーザーに最後まで動画を見させるか？だけを考えれば基本的にうまくいくのです。

　ユーザーに最後まで見させることができやすいショートムービーのコンテンツ作りには、5つの基本ルールがあります。

＜ショートムービーコンテンツ制作　5つの基本ルール＞

・大衆ウケコンテンツ

・最初の2秒はインパクト

・最初の7秒までに最後まで見るメリットを理解させる

・ループが起きやすい動画が勝つ

・面白いショートムービーの本質は凝縮

　この5つのルールを守ることはユーザーに最後まで見させるための必須条件と言っても過言ではありません。

　それぞれ後ほど詳しく解説しますが、なぜこの5つのルールが必要かを理解するために、まずは大前提となるYouTube Shortsのアルゴリズムを把握しましょう。

YouTube Shorts は圧倒的な認知媒体

　まずは YouTube Shorts で再生数が増えるアルゴリズムの基本を説明します。以下の順番でおすすめによる動画の再生が伸びていきます。

<YouTube Shorts の拡散アルゴリズム >

（1）投稿された動画に興味がありそうなユーザー層に、AI がランダムで YouTube Shorts の動画をおすすめする。おすすめされた動画は強制的に再生がはじまる（最大 1,000 再生が分配）

▼

（2）再生された動画に対して、ユーザーは「見るかどうか？」を最大 7 秒までの間にほぼ判断する

▼

（3）最後まで見るユーザーの割合が多い場合、動画は面白いと評価される

▼

（4）動画が面白いと評価された場合、興味関心度が薄い層にもおすすめされる（数千再生に到達）

▼

（5）興味関心度が薄い層でも動画を最後まで見るユーザーの割合が高い場合、本格的な拡散が起こりはじめる

▼

（6）興味を持つ可能性が少しでもあるユーザー全てにおすすめされる。ここまで来ると、再生数は 50 万回～ 100 万回を超えていく

　この拡散の仕方と特性を大枠理解したうえで、改めて YouTube Shorts をビジネスに使う本質的なメリットについて解説します。

YouTube Shortsの最大の利点は再生数が圧倒的に取りやすい点です。

　YouTubeで100万再生を獲得する難しさを100とすると、YouTube Shortsで100万再生を取る難易度は10程度です。簡単に再生数が取れる理由はシンプルで、動画の再生時間が最大で1分と短いため、ユーザーの時間を消費しないからです。
　そのため、ユーザーはどんどん色々な動画を見ていきます。
　通常、1時間で視聴できるYouTubeの動画は多くて5〜10本ですが、YouTube Shortsは1時間で60本〜100本の動画を視聴することが可能です。その分再生数が発生しやすくなるので、100万再生の難易度も10分の1になるのです。

　逆に考えると、最大で1分の動画コンテンツのため、100万再生を獲得したとしてもユーザーに影響を与えられる量は少なくなります。
　YouTubeでの長い動画は、再生数を取るのが難しい代わりに視聴者に影響を及ぼせる時間が長い、YouTube Shortsでの短い動画は、再生数を取るのが簡単な代わりに視聴者に影響を及ぼせる時間が短いという関係性というわけです。

　ここまでバズりを重要視する理由は、YouTube Shortsのビジネス的な使い方の基本が「認知」だからです。知ってもらうきっかけとして使うことができる、圧倒的な認知媒体です。認知媒体としての使い方が基本ゆえに、YouTube Shortsはバズって認知が取れないのであれば、ほぼやる意味がないと言っても過言ではありません。

　ここで、「大衆ウケするコンテンツ」が重要になってきます。やるからには絶対に大きな再生数を取りたいからです。

大衆ウケするコンテンツ

　大衆ウケするコンテンツとは、世の中の大半の人が必ず興味があるテーマの動画です。恋愛、美容、仕事、格闘（暴力）、エンタメ、お金などは多くの人に一定の関心があります。

　ニッチなテーマは一部の人に反応が良いことがありますが、幅広い層におすすめ拡散された時に反応率が急激に落ちるため、途中で拡散が止まり、再生数も止まります。

　より多くの人が関心を持つテーマであればあるほど、幅広くおすすめ拡散されても、反応率を高い水準で維持することができるので、拡散が止まらない、つまり、バズるという現象に到達するのです。

　ここで重要になってくるのが、発信する内容をいかにして幅広い人に受け入れられる大衆ウケするテーマに持っていくかです。

　実際に勝友美さんの例を出してみましょう。

　私は、勝友美さんの認知を WEB を使って広げるために、2021 年 5 月から業界の先駆けで YouTube Shorts を使った戦略を実行しました。

　勝友美さんの事業は、オーダースーツの事業です。普通に考えると、オーダースーツに関する発信をしたくなりますが、一般の方は、オーダースーツに大した興味は持っていません。オーダースーツの発信をしても大衆ウケしないのは、当たり前に想像が付きます。

　そこで、勝友美さんの発信コンセプトを「女性の憧れの生き方」としました。オーダースーツは大衆ウケしないですが、「女性の憧れの生き方」は、かなり大衆ウケに近いテーマです。

　コンセプト設計の際に大きなヒントを得たのはキャバ嬢ブームです。

2020 年〜 2021 年はエンリケさん、愛沢えみりさん、門りょうさんなど、たくさんの元人気キャバ嬢が YouTube や SNS で人気になりました。また、視聴者の大半は女性でした。

　この現象を見た時に、なぜ元キャバ嬢の YouTube がこれほど人気になるのかを考えました。その本質的な答えは「女性の憧れの生き方」の一つがキャバ嬢の生き方だったからです。

　人気キャバ嬢を要素で具体的に分解すると以下のようになります。

・容姿が可愛い
・自由に使えるお金がたくさんある
・人気がありすぎて、もはやお金がある男性にも媚びていない
・キャバクラという、意外に女性にとって身近な仕事
・喋りがうまい

　キャバクラは、女性の中で時給が高い仕事として一度は興味を持つ人も多いです。しかし、詳しく調べたり実際に働いてみると、そんなに甘い世界ではなく、大金が楽に稼げる仕事ではないということを思い知ります。

　そんな中、
　圧倒的な仕事の結果を出し、
　お金がたくさんあり、
　女性らしく美しく可愛くあることにお金を使い、
　お金がある男性と対等な関係を作り
　喋りがうまく、中身も面白い。
　これが、女性にとって一つの憧れの存在ということです。

勝友美さんと対話をする中で気付いたのは、彼女はこのブームに近い要素があることです。彼女が持っている要素を先のキャバ嬢ブームを巻き起こした要素に当てはめると以下のようになります。

・容姿が良い

・経営者として成功し、自由に使えるお金がある

・対応するお客様は、オーダースーツのため経営者が多い

・オーダースーツは身近ではないが、アパレルというくくりにすれば身近

・喋りがうまい

　私はこの事実に気付いたからこそ、勝友美さんを「女性の生き方の憧れ」をコンセプトにプロデュースしていくことに決めました。

　そして、この5つの要素を強くアピールしながら仕事に関する悩みを中心に、YouTube Shorts のコンテンツを作っていくことによってバズっていったのです。

　綺麗なお姉さんが見たことがないようなかっこいいスーツを着て、自分も感じたことのある仕事の悩みについて、面白く明快な答えをくれる。この動画が世の中の女性にウケ、勝友美さんは圧倒的な人気がある、女性が憧れる正統派女性社長の地位を確立しました。

　もっと言うと、勝友美さんのオーダースーツは、オーダースーツ業界の中でもかなり値段が高いラグジュアリーブランドです。

　そして、ラグジュアリーブランドの本質も「憧れ」。実は、これは非常に理にかなった戦略でもあるのです。

　その結果、見事に、チャンネル登録者数 8,000 人からたった3ヶ月で 10 万人になりました。

YouTube Shortsのコンテンツがバズったことで、勝友美さんの認知が広がり、彼女の事業であるブランド『Re.muse』も視聴者の中に知れ渡っていきました。

　人は自分が憧れる人の真似をしたくなるものですから、「勝友美さんと同じスーツが欲しい」という欲求衝動が起こり、たくさんの方がスーツを作りに来てくれるようになりました。

　長い事例紹介となりましたが、YouTube Shortsでバズるためには自分の発信内容をいかにして「大衆ウケ」するコンテンツに変換するかが非常に重要です。

　YouTubeの話とも通じますが、私は「自分・自社が持っている強みをプラットフォームの特性に合わせて、再構築することが重要である」ということを日々、プロデュースする方々に伝えています。

　この事例はまさに、オーダースーツの女性社長を憧れのアパレルラグジュアリーブランドの女性社長へ、再構築した事例と言えます。

最初の2秒はインパクト

　YouTube Shortsでコンテンツを視聴してもらうには2つの壁があると言われています。それが2秒の壁と7秒の壁です。

　YouTube Shortsのアルゴリズムの基本(p.75)でも触れましたが、視聴者は、おすすめされた動画が再生されはじめてから最初の2秒で見るかどうかを判断します。

　そこで少し面白そう！と思った場合、7秒まで見ます。

　そしてこの7秒までに改めて「本当に面白そうか？」を確認し、「間違いなく面白そうだ」と判断すると、その後じっくり動画を見るとい

う動きをすることが統計的にわかっています。

この最初の2秒の壁を突破するために必要なのが「インパクト」です。

さて、動画におけるインパクトとは一体何でしょうか？

インパクトは文字通り「衝撃」です。視聴者は1秒でも無駄にせずに楽しい時間を過ごしたいので、動画が面白そうかどうかをかなりシビアに判断しています。だから、最初の2秒は本能的に面白いと感じさせるインパクトが必要になるのです。

ここでは、本能を惹き付けるインパクトを生み出し、最初の2秒を超えさせることができる代表的なパターンを6つ紹介します。動画制作の際には参考にしてみてください。

<インパクトを生み出す動画　6パターン>
・日常で見ない珍しい映像
・可愛い映像
・かっこいい映像
・反社会的な映像
・圧倒的な大きなメリット
・見ないと損をするデメリット

日常で見ない珍しい映像

人間は珍しいものに惹かれるという本能が存在します。日常であまり見ることのないような映像が流れると、「これはなんだ？」と思考停止し、その間に2秒が過ぎていくのです。

例えば、日本人が見たことのない美しい海外の景色がいきなりドン！と流れれば、「うわ！これどこ？」と思考停止します。

可愛い映像

　可愛いものに惹かれるのは、性別に関係なくわかりやすい本能です。

　可愛い女性がいきなり登場すれば、男性は惹き付けらる人が多いです。そのため、可愛い女性が踊っているだけでもバズることがあります。これは YouTube Shorts や TikTok の初期によく起きた現象です。ペットの動画がバズりやすいのも同じ理由です。ペットの動画は 2 秒の壁を容易に突破します。

かっこいい映像

　かっこいいものに惹かれるのも人間のわかりやすい本能です。

　かっこいい男性がいきなり登場すれば、女性は惹き付けられる人が多いです。他にも、かっこいい乗り物が走っているシーンからはじまる映像などもここに該当します。

反社会的な映像

　反社会的な映像は最もインパクトがあるパターンに該当します。人間には反社会的性があるものに惹かれる本能があるためです。

　身近な例で言えば、未成年にタバコを吸ってはいけないと言えば言うほど吸ってみたくなる反社会性行動や、不倫はだめだとわかっていてもしてしまう現象が挙げられます。

　格闘技の殴り合いをしている映像や、水商売や風俗商売も反社会性がある映像も該当します。また、人がブチギレしているようなシーンも該当します。感情をむき出しにして怒っているシーンは反社会的な行動であり、インパクト抜群の映像と言えます。

　他にも虫を食べるシーンや、一般社会でなかなか見ない反社会的な映像はほぼバズると言っても過言ではありません。

圧倒的な大きなメリットに

人間は、楽に結果が欲しいという本能があるため「なるべく時間をかけず、お金をかけず、努力せず何かを得られる」というのが大きなメリットに該当します。

例えば「たった1分腕をさするだけで二の腕がすぐに3cm細くなる方法！」と言われた場合、興味を持ってしまう女性は多いでしょう。他にも「誰でも役所に申請するだけで10万円もらえる補助金」など、自分にとってメリットがありそうだと思う内容ではじまる動画は、とりあえず見てみようと思う人が多いと思います。

見ないと損をするデメリット

人間は得をするより損することを恐れるという本能を刺激します。

例えば「絶対買わないと損する神コスメ」「間違えて買うと大損する！知っておくべき意味ない美容グッズ」など、知っておかないと損してしまうかもしれないという感情をかき立てられると、本能的に見てしまいます。

いかがだったでしょうか。このようなパターンが存在することを認識しておくだけでも2秒の壁を突破することが簡単になります。

つまり、圧倒的に YouTube Shorts が有利になるのです。

7秒の壁を突破する

　2秒の壁を突破すると、ユーザーが「本当にこの動画は最後まで見る価値があるか」を確かめる時間が発生します。それが開始から7秒までの時間です。つまり、7秒までの時間に「最後まで見ると面白いものが見れる！」という期待を膨らませることが大切です。

　「最後まで見ると面白いものが見れる！」という期待は、言い換えると「それ、気になる！」と視聴者に思わせることです。
　これは映像を見て、結末が想像できない時に発生します。
　想像できない結末を生み出す動画の主な9つのパターンは以下です。

> ＜想像できない結末を生み出す9パターン＞
> ・一般論の否定からはじまる
> ・ビフォーアフター
> ・検証結果
> ・権威性がある人による、賛否両論わかれるテーマに対しての回答
> ・完成物が気になる、普段は見ることができないものの制作工程
> ・普段は見られない他人のプライベート
> ・HARMの法則のテーマに対してのランキング形式
> ・HARMの法則のテーマで知らないと損することが予想される内容
> ・HARMの法則のテーマで圧倒的な得をする可能性がある内容

一般論の否定からはじまる

　一般論の否定の冒頭からはじまる動画の場合、視聴者は自分が持っている常識や考え方を否定されたことに対して、マイナスに感情が揺さぶられます。この感情の揺さぶりによって、最後の意見を聞いてみ

ようという気持ちに誘導されます。

　例えば「女性に優しくすればするほど、モテなくなります」という
冒頭からはじまった場合、多くの人がこの動画を最後まで見てしまい
ます。世論的には女性に優しくすることが正しいと信じている人がほ
とんどですから、多くの人が最後まで再生する現象が起こります。

ビフォーアフター

　ビフォーアフターは、変化のギャップを楽しむコンテンツとして最
もわかりやすいコンテンツです。

　例えば「太っていた女性がダイエットした結果」という動画で、変
化後の美しくなった姿の写真を出すだけで、視聴者は「それ、気にな
る！」と思い、見てしまいます。ビフォーアフターは最も簡単にバズ
れるコンテンツの一つです。

検証結果

　想像が付かない実験の検証結果は、見てみたいという視聴者が非常
に多いです。

　例えば「寄生虫が潜む魚にスタンガンを当てたら、寄生虫は死ぬの
か？検証してみた」という動画を作った場合、結末が気になって最後
まで見る人が多いです。

　「検証する」という切り口は実践もしやすく、バズりやすいテーマ
の一つです。

権威性がある人による、賛否両論わかれるテーマに対しての回答

　一般的に絶対な正しい答えがない賛否両論わかれるテーマは非常に
バズりやすいです。

　例えば、「デートで男性は女性に奢るべきか？」というテーマはわ

かりやすく意見がわかれます。

　ただし、賛否両論となるテーマに対しては「誰が意見を言うか？」が非常に大きく影響します。正解がないがゆえに、権威性の高い人の答えに大衆はすがりたいと思うからです。

完成物が気になる、普段は見ることがないものの制作工程

　日本社会では、多くの人が会社員・フリーターなどの雇われた働き方に準じているため、自分の仕事に関連する専門分野以外はなかなか見る機会がない光景です。自分が普段見ることがないプロのモノづくりの工程というのは、バズりやすい傾向にあります。

　例えば、圧倒的にチャーハンを作るのがうまいプロの中華料理人のチャーハンの調理工程ですら、一般の人は見慣れない光景です。そのため、一連のプロセスと結末を見たいと感じます。他にも、専門性が高いアートやモノづくりの制作工程などのシーンはもっと見ることがないものです。そのため、完成物がどのような工程で完成するかを見てみたいという好奇心を刺激することができます。

普段は見られない他人のプライベート

　人間は、他の人の目や動向を気にする習性があるため、他人のコアなプライベートは気になってしまう習性があります。

　例えば、給料明細を公開する動画コンテンツは100％バズると言っても過言ではありません。他人の給与明細をじっくり見る機会が基本的にはないので、自分との違いが気になって見てしまう人がほとんどです。他人の家の中なども見る機会が限られるため、自宅公開系の動画が伸びやすいのもこれが理由です。

HARMの法則のテーマに対してのランキング形式

　HARMの法則とは、人の悩みや問題の多くが以下の4つのカテゴリーに分類されるという法則です。

```
<HARMの法則>
H：Health・・・健康、美容、容姿
A：Ambition・・・将来、夢、キャリア
R：Relation・・・人間関係、恋愛、結婚
M：Money・・・お金
```

　このテーマでランキング形式の動画を作ると、多くのユーザーは「ランキング上位が気になる！」と好奇心をくすぐられます。人間は自分が関心があることに強い興味を示すため、HARMの法則に分類されるテーマは非常に多くの人が関心を持つのです。

　例えば、「2023年日本国内の新卒の年収が高い企業ランキングTOP 10」というテーマでは、大衆の興味がある年収をキーワードにしています。ランキング形式にすることで、TOPの上位の企業を知りたいという興味を持たせ、高い確率で視聴が獲得できます。

HARMの法則のテーマで知らないと損することが予想される内容

　HARMの法則のテーマで、動画の冒頭に「知らないと損をする」という意味合いの言葉を投げかけられると、「結末まで見なければ！」と感じる視聴者が増えます。人間は本能的に「得をするよりも損をしたくない」という感情が強い生き物だからです。

　例えば、「知っておかないと損する国からもらえる5つの補助金」というテーマは、「知っておかないと損してしまう」という感情が揺さぶられやすいため、高い確率で最後まで見てしまうのです。

　HARMの法則に対して「なるべく努力せず、時間をかけず、お金をかけずメリットがある」という圧倒的な得がある内容も人間にとっては魅力的です。前述した通り、人間は得をするよりも損をしたくないからです。

　例えば、「500円で飲むだけで痩せたサプリ」と言われたら興味を持ってしまうのは、HARMの法則かつ「なるべく努力せず、お金をかけず」を刺激しているからです。

　この9つのパターンを意識すると、7秒の壁を突破し、結末まで見てみたいという欲求を刺激しやすくなります。こうして2秒と7秒の2つの壁を突破すると、次に説明するYouTube Shortsのアルゴリズムにおいて重要な評価軸を高い水準で満たすことができます。

YouTube Shortsでバズるアルゴリズムの基本

　YouTube Shortsでバズるには、ループが起きやすい動画であることが絶対条件です。ループとは、YouTube Shortsの動画を最後まで見た時に自動的に2回目の再生がはじまることを指します。

　この絶対条件の理屈を理解するために、まずはYouTube Shortsにおける動画の評価軸を知りましょう。

```
<YouTube Shortsの評価軸>
・平均視聴時間
・平均視聴維持率
・最後まで見てループした割合
・ユーザーの反応（高評価率・コメント率・共有数・リピーター増加）
```

平均視聴時間

　平均視聴時間とは、**投稿した動画が視聴者に平均何秒見られている**かという指標です。

　プラットフォームの運営者は視聴者に長い時間滞在してもらうことが広告媒体価値につながるため、視聴者が可能な限り長く動画を見ることを願っています。そのため、平均視聴時間が長いコンテンツは評価が上がりやすく、例外なくバズりやすいコンテンツになります。

平均視聴維持率

　平均視聴維持率は、**視聴者がその動画を何割視聴したかという指標**です。平均視聴時間÷動画コンテンツの秒数で算出されます。例えば、尺が50秒の動画に対して平均40秒の視聴時間の場合は、平均視聴維持率は80％です。

平均視聴時間		動画コンテンツの時間		平均視聴維持率
40秒	÷	**50**秒	＝	**0.8**（80%）

　ここで重要なポイントは、YouTube Shorts では**平均視聴維持率の最大は100％にならない**という点です。

　先ほども述べた通り、YouTube Shorts は動画を最後まで見ると、自動で2回目の再生がはじまる仕様になっています。このループの仕様がミソで、最後まで見る視聴者が多ければループが発生し、50秒の尺の動画でも60秒、70秒といった視聴時間になります。つまり、動画の長さよりも視聴時間が長くなることがあり得るというわけです。

　先ほどの50秒の動画で、ループを含めた平均視聴時間が60秒になったとしたら、平均視聴維持率は110％になります。

平均視聴時間		動画コンテンツの時間		平均視聴維持率
60秒	÷	**50**秒	=	**1.1**（110%）

このように、平均視聴維持率が100%を超えるコンテンツ＝ユーザーを長くプラットフォームに滞在させるということですから、当然、高い確率でバズります。

最後まで見てループした割合

ループが発生した場合、YouTube ShortsのAIはユーザーが面白いと感じたから「もう一度見たい！」という感情が生じたと判断します。そのため、動画の評価が爆上がりします。

ユーザーの反応（高評価率・コメント率・共有数・リピート増加）

ユーザーの反応は評価にはもちろん重要です。ユーザーの反応とは、高評価、コメント率、共有数、リピート数のことを指しており、視聴者の感情がいかに動いたかを判断しています。

このように視聴者が動画に惹き付けられたかは、平均視聴時間、平均視聴維持率、最後まで見てループした割合で評価されます。

そして、その動画を通じてどれぐらい感情が動いたかは、高評価率・コメント率・共有数・リピーター増加で評価されているのです。

このロジックを把握することがYouTube Shortsで勝つための最重要項目です。

YouTube Shortsは一定量投稿した後に
1ヶ月遅れてバズりはじめる

　ここまでの要素を理解し評価を得られる動画を作ったとしても、動画を投稿してすぐにバズるわけではありません。

　新規で作成されたYouTubeチャンネルには、AIの学習期間が存在します。学習期間とは、AIが「このチャンネルの動画は誰におすすめすると高い確率で喜ばれるのか」を調査する期間のことです。

　この期間にAIは様々な視聴者に対して動画をテスト露出します。そして先ほどの4つの評価軸に基づいて評価をしながら、喜ばれる視聴者層を特定するのです。

　この評価を視聴者から集めている中で、バズるという状況が発生します。つまり、投稿してすぐに動画がバズるわけではないことも覚えておいてください。

　あくまで私の経験談ですが、YouTube Shortsは投稿のクオリティが高ければ、投稿を開始してから1ヶ月前後で急激にバズりはじめることが多いです。最初の再生数が悪くても諦めずに、淡々と動画を投稿し続けてください。

ビジネスのブランディングと認知に関わる動画に仕上げる秘訣は「凝縮」

　次にぶつかる壁は「このバズる仕組みをどう利用して、どう自分のビジネスに結び付けるか？」という問題です。

　この問題を解決するための重要なポイントをお伝えします。

　コンテンツを作る時には「凝縮」を意識してください。
　「凝縮」とは一言でいうと 1 分間に重要なポイントを最大限詰め込むことです。

　YouTube と違い、YouTube Shorts は最大で 1 分という時間的な枠が設けられています。この 1 分という数字が、ビジネスコンテンツにおいてはものすごく有利に働くのです。

　現実的な話をすると、YouTube で動画を見るユーザーはエンターテインメントを求めていることがほとんどで、彼らにとってビジネス系の動画コンテンツは 9 割以上がつまらないでしょう。
　有益で専門性が高いビジネスの真面目な動画を一生懸命見てくれるのは、元々その分野に興味関心が高いユーザーだけです。一般大衆はそのようなコンテンツに見向きもしません。

　つまり「自分のサービスを世の中に認知させたい！」「自分の存在をもっと認知させたい！」という目的がある場合、真面目で有益性のある自分の専門分野の動画を作っても、認知としての効果は非常に少なくなってしまいます。

そこで取り入れるべきなのが、YouTube Shorts なのです。1分間に「凝縮」することで、つまらない真面目な有益コンテンツも面白くなることがほとんどだからです。

例えば、あなたが医者だったとして、糖尿病に関する専門的な話や予防についての話を YouTube で10分真面目に話したとします。

このコンテンツを見るのは、すでに糖尿病の疑いがある人か、現在糖尿病の人だけです。特に健康に悩みのない若い人にとってはそんな動画を見るぐらいなら、興味があるアイドルの動画を見ている方が面白いと考えるのが普通です。

一方で、糖尿病というテーマは人生長い目で見れば大事な話であり、誰にとっても予防できるに越したことはありません。

ただ、10分は長い。でももし、1分で重要なポイントだけ教えてくれるなら聞いておきたいという人はかなり多いのです。

つまり、10分の動画では見向きもしてくれなかった人が1分なら興味を示してくれる確率が上がる。これが YouTube Shorts の可能性なのです。

まとめると、YouTube Shorts をビジネスに活かすには「本来10分なら聞きたくないような真面目な話を1分に凝縮することで、視聴者に聞いてもらう」というのが正しい使い方です。

そして、深く興味を持った人には、YouTube の長い動画を通じてしっかりと理解してもらう。この流れを作れるのが、YouTube Shorts です。

この考え方を応用し、作り上げたのがなおこ先生＠歯医者の YouTube チャンネルです。

　歯に関する真面目な動画を YouTube であげても誰も見たくないと思います。だからこそ、誰もが一度は考えたことのあるだろう歯に関する悩みを解決するコンテンツを、１分に凝縮して毎日投稿していったのです。

　その結果、このチャンネルは開始から２ヶ月で登録者３万人を達成しました。今では、日本のオンラインで一番真っ当な内容で、一番良いブランディングを構築した歯医者になり、多くのファンを抱えることに成功しました。

　「凝縮」すれば、面白くなる。

　これは、動画作りの本質そのものです。
　情報は凝縮すればするほど、密度が濃くなり面白くなります。

　あなたがやりたいこと、伝えたいことを、視聴者に興味を持ってもらえる形で１分に凝縮する。この意識を忘れないでください。

9 TikTokでバズるための アルゴリズムの原理原則と バズるコンテンツの作り方

TikTokとYouTube Shortsはほとんど同じ

　タイトルの通り、TikTokでバズるためのアルゴリズムの原理原則とバズるコンテンツの作り方は、YouTube Shortsとほぼ一緒と認識して問題ありません。

　基本ルールとして異なるところは、YouTube Shortsは最大1分の縦型動画であるのに対して、TikTokは最大10分まで投稿が可能な点です。とはいえ、現状はどちらも1分以内の動画が主流となっています。

　そして、YouTube Shortsでバズる1分以内のコンテンツは高い確率でTikTokでもバズります。逆も同様で、TikTokでバズる1分以内のコンテンツはYouTube Shortsでも高い確率でバズります。

　ただし、YouTube ShortsとTikTokは運営側の指針によってバズり方に若干の違いがありますので、本項では、その違いを中心に説明します。

　繰り返しとなりますが、バズるコンテンツを作る時の考え方はYouTube Shortsと一緒ですので、コンテンツ作りに関してはそちらを参考にしてください。

コンテンツがバズり出すまでのスピードが違う

　TikTokは新規アカウントを作り、投稿したコンテンツが面白ければ、1投稿目からバズります。初日にいきなり100万再生することも十分にあり得ます。

　TikTokのアルゴリズムの基本は、最初に200人にランダムで動画をおすすめし、その200人からの反応が良ければ次に500人におすすめします。さらにその反応が良ければ1,000人、次に3,000人、6,000、10,000、20,000、30,000、50,000、100,000……といったように、反応さえ良ければどんどんおすすめに出していくという仕組みです。

TikTokのアルゴリズム

アカウント主が投稿

TikTokユーザー200人にランダムで表示

いいね コメント などの反応が良い場合

TikTokユーザー500人にランダムで表示

500人でもいいね コメント などの反応が良い場合

TikTokユーザー1,000人にランダムで表示

3,000人、6,000人、10,000人、20,000人…
といった形でどんどん動画が拡散されていく

このように、新規アカウント含め、全員にチャンスがあるプラットフォームなのです。つまり、SNSの新規参入で一番、最初から結果を出しやすいのはTikTokになるわけです。

逆を言えば、アカウントが成長してフォロワーが伸びたとしても、つまらない動画をあげれば既存フォロワーに対してすら露出が発生しません。10万フォロワーいるけれど、動画が5,000再生も回らないといったことも日常的に起こります。常に平等性があるプラットフォームなのです。

一方でYouTube Shortsは先ほどの説明の通り、AIの学習期間が存在し、作ったコンテンツが誰に喜ばれるかを少数におすすめしながらテストする期間が一定期間発生します。

断定することはできませんが、およそ1ヶ月前後のAIの学習期間が発生し、その学習期間で反応が高い視聴者層をAIが特定すると、再生が伸びはじめます。

この学習期間のあるなしによって、同じコンテンツを作ってもTikTokは当日・翌日にはバズり、YouTube Shortsは遅れてバズるという現象が発生します。

ここを理解していない人はWEBマーケティングに詳しい人たちでも非常に多く、すぐにバズらないからとYouTube Shortsを諦めてTikTokに専念しようとする人が後を断ちません。

しかしながら、どうせ1分以内の投稿を作るのであれば、それぞれのプラットフォームの特性を理解したうえで、両方に投稿し続けるのが賢い選択です。

競合の参入障壁を意識せよ

　ビジネスにおいて非常に重要な考え方に「競合の参入障壁」という考え方があります。参入障壁とは、新規参入を妨げる障害のことです。

　ビジネスでは自分が成功した後に、「真似される」ことを常に警戒しないといけません。同じようなサービス・商品が複数現れるということですから、下手をすればニーズある顧客の半分以上を渡してしまうということになりかねません。簡単にパクられてしまうものは、ビジネスとして長続きがしにくいのです。

　そして、これはビジネスでSNSを活用する時にも同様です。
　先ほども述べた通り、TikTokは投稿初日からバズるため好んでビジネスに活用する人が非常に多いです。
　しかし、1分以内のショートムービーは競合に真似されやすいという性質があります。その理由は、1分の動画を作るのは比較的簡単だからです。
　1分の企画と構成、1分の台本、1分の撮影、1分の動画の編集。これは10分の動画を作るのに比べて、難易度が非常に低いです。
　さらにTikTokは初日からバズることができるので、あなたが結果を出すのが早い一方、競合も結果を出すのが早いというデメリットが存在します。YouTube Shortsの場合はバズりはじめるまでに時間がかかるので、競合もすぐにはバズれません。これはそれぞれのプラットフォームのメリットでもあり、デメリットでもあります。

　だからこそ、「競合の参入障壁」を考えるという基本中の基本です。

TikTokですぐにバズりつつ、参入障壁がやや高いYouTube Shortsも押さえておくことで、競合への参入障壁の敷居を高めることができます。

ですから、それぞれの違いを理解したうえで、両方併用する選択は合理的な判断です。

TikTokはYouTube Shortsに転載されないコンテンツを優遇しはじめている

先ほどYouTube Shortsを諦めてTikTokに専念しようとする人もいると述べましたが、一方で、TikTokに投稿したコンテンツをYouTube Shortsにも投稿する人も多いです。

現状、TikTokはこれを致し方ないと理解しつつも、防止したいと思っています。その理由は、TikTokのユーザーがYouTube Shortsに流れるという現象が起きてしまうからです。

TikTokは縦型のショートムービープラットフォームの元祖として中国で誕生し、ものすごいスピードでユーザー数を増やしました。

結果、YouTubeの独占状態だった動画市場に食い込み、さらにはYouTubeと同レベルのプラットフォームに成長しました。

そのことに焦りを感じたYouTubeが対抗して作ったプラットフォームがYouTube Shortsというわけです。

YouTube Shortsの普及が進むほどTikTokは強みである1分の縦型のショートムービーという差別化ポイントを失い、勢いが落ちていってしまいました。

TikTokとYouTube Shortsに同じ動画があるならば、YouTubeをメインで使っているユーザーは、わざわざTikTokに行かず、YouTube Shortsでそのまま視聴するという選択を取る人が多いと思います。

　YouTubeは言わずもがな世界最大の動画プラットフォームですから、TikTokと重複して利用しているユーザーも多いでしょう。そうなるとTikTokはユーザーが減り、広告収入が稼げずに困ってしまうわけです。

　そこでTikTokは「いかにしてTikTokだけのオリジナルコンテンツを増やすか？」を考え出しました。

　その結果、コンテンツの評価するアルゴリズムに一つの細工を入れたのです。

　TikTokがコンテンツを評価するベースになっている軸は、主に下記の4つです。

<TikTokの評価軸>
・平均視聴時間
・平均視聴維持率
・最後まで見てループした割合
・ユーザーの反応（高評価率、コメント率、共有数、リピーター増）

　この評価軸についてはYouTube Shortsと同じです。だからこそYouTube ShortsでバズるコンテンツとTikTokでバズるコンテンツの作り方は同じなのです。

しかしながら、TikTokは「最後まで見てループした割合」という評価に細工を入れました。その細工とは、1分以上の動画に関しては評価を甘くするというものです。

　繰り返しになりますが、YouTube Shortsは最大で1分の動画しか投稿ができません。1分以上の動画は通常のYouTube枠での再生となります。YouTube Shortsとしての再生数を得るためには、必ず縦型で1分以内の動画にする必要があります。

　一方、TikTokは最大10分までの投稿ができます。
　この時、TikTokがYouTube Shortsにコンテンツを転載されずTikTokだけのオリジナルコンテンツを増やす最良の方法は、1分超え〜2分ほどの動画を優遇するという施策だったのです。

　仮に1分30秒の動画を作ったとして、これをTikTokに投稿すると、1分以内の動画よりも優遇され、最後まで見た割合が少なくてもバズらせてあげるという調整が入っています。

　この1分30秒の動画をYouTubeに投稿した場合、YouTube Shortsではなく通常のYouTube動画の扱いになります。

　ここで思い出して欲しいのが、YouTubeでの動画評価の軸です。平均視聴時間が長いコンテンツは、長い時間視聴者を惹き付けられているため、高い評価を得やすい仕組みになっていました。
　1分30秒の動画は平均視聴時間が1分前後になりやすいため、平均視聴時間が短い、つまり評価が低くなります。そうなると、YouTubeの通常動画としてはバズりにくいということです。

TikTokは先ほども説明した通り、動画投稿をはじめたその日でもバズることができるプラットフォームです。

　投稿者も人間ですから、TikTokでバズってYouTubeではバズらないとなれば、「TikTokにだけ動画投稿すればよい」と心理的に影響を受ける可能性があります。

　よって、現状のTikTokは1分を少し超える動画に対して甘い評価を付けがちと認識しておいてください。

　ただし、これは1分以内の動画がバズらないという意味ではありません。1分以内の動画でもクオリティが良ければバズりますので、1分以内の動画であればYouTube Shortsにも一緒に投稿をしたら良いと思います。

　「自分はTikTokだけで戦う！」という覚悟の方は、アルゴリズム上の利点を活かすために、1分以上の動画も積極的に投稿することが賢明です。

第４章

WEBマーケティングにおける認知の作り方
～ Instagram篇～

10 Instagram でバズるための アルゴリズムの原理原則と バズるコンテンツの作り方

　Instagram は今までの紹介した YouTube・YouTube Shorts・TikTok とは異なり、写真(静止画)をメインとした SNS プラットフォームです。
　日本では 2014 年頃から爆発的に広がり、2017 年には「インスタ映え」という言葉が流行語大賞を受賞するなど、現在でもユーザー数が伸び続けています。

　Instagram も本書で重要視している、AI アルゴリズムによってバズらせてくれるプラットフォームの一つです。しかし、ビジネスに活用するうえでは第 2 章の冒頭で述べたように、Instagram は「どうしても動画の制作が無理!」という方に活用して欲しいプラットフォームで、優先度は YouTube・YouTube Shorts・TikTok の次であることは認識しておいてください。

　Instagram をビジネスに活用するうえで、バズるためには 2 パターンのアプローチしか存在しません。

< Instagram でバズる方法 >
・ フィード投稿が発見欄でバズる
・ リール動画がバズる

　次からは、それぞれ私が運用した実例も交えて、Instagram でバズるための 2 パターンを解説していきます。

フィード投稿が発見欄でバズる

　Instagramのアプリを開くと、下の方に虫眼鏡のボタンが存在があります。その虫眼鏡のボタンをタップすると、Instagramがユーザーごとに興味を持つ可能性が高いコンテンツをおすすめしてくるという機能があります。これが発見欄です。

　この発見欄では、「まだフォローしていないアカウントの興味がありそうな投稿」を表示してくれるので、おすすめに自分の投稿が乗ると一気にアクセス数が増えて、投稿がバズるという現象が発生します。

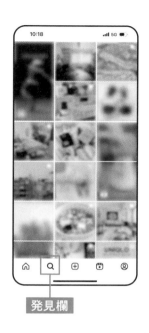

発見欄

　つまり、Instagramはいかにして発見欄に出るか？を考えることがバズるための基本の考え方です。

　私は2021年10月より実験用の美容アカウントを用意し、これを検証してきました。このアカウントは、業界トップレベルで発見欄への露出をさせることに成功し、フォロワー数は10万人に到達しました。また、その再現性検証に、別の新規アカウントを同時に複数立ち上げ検証した結果、同じ成果を得ることに成功しています。

　Instagramも他のプラットフォーム同様、ユーザーの投稿を評価しており、評価の高いものが発見欄に表示されるようになります。

その評価のポイントは次の５つです。

<Instagram の評価のポイント >
・ フォロワー数に対していいね率が高い
・ フォロワー数に対して保存率が高い
・ フォロワー数に対してコメント率が高い
・ ユーザーの平均滞在時間が長い
・ 投稿を見たユーザーがプロフィールに遷移し、他の自分の投稿
　 も見ている率が高い

　この５つのポイントを Instagram が優遇する理由はシンプルです。

　Instagram の願いは、Instagram を使ってくれる人の滞在時間を伸ばすことだからです。Instagram では基本の評価軸４つ (p.51) のうち平均視聴時間とユーザーのリアクションの２つの評価を特に重要視しており、この２つの評価が高いものを優秀なコンテンツと判断します。

　２つの評価軸を満たしている＝５つの評価ポイントを満たしている投稿ですから、それ上げるためにどんな工夫をするか、を考えれば Instagram は自然と攻略できてしまいます。

　そして、この反応を上げる工夫は以下の５つです。

<Instagram の反応率を上げる５原則 >
・ ニーズリサーチ
・ わかりやすいアカウントコンセプト
・ 濃いフォロワーのみを集める
・ 1枚目の画像は 13 文字までで文字を大きく
・ 10 枚重ね投稿が必須

ニーズリサーチ

　ニーズリサーチは、YouTubeにおける「釣り」の感覚と全く同じです。視聴者の興味が高く、すでに需要が保証されているテーマで投稿をしない限り伸びることはありません。

　視聴者が高い確率で興味を持つテーマは何かというと、前の章でも紹介したHARMの法則 (p.87)に該当するジャンルです。

　HARMの法則のテーマで特に視聴者の興味が高いコンテンツを見極めるためのリサーチをすることで、5つの評価ポイントを上げやすくなります。

　リサーチには、YouTubeを使いましょう。その理由は、YouTubeには「再生数」という公開されたわかりやすい指標で、そのコンテンツがどの程度需要があるかを見ることができるからです。

　例えば、あなたが美容というテーマでの発信を考えて、ターゲットを40代の女性と定めたとしましょう。

　この時、YouTubeで「40代 女性」と検索をします。すると、40代女性向けの動画コンテンツが検索結果（おすすめ）としてたくさん表示されます。

　その中には、高い確率で先行して40代女性の美容の発信をしているYouTubeチャンネルがあるはずなので、そのチャンネルの動画一覧のページに行き「人気動画」というボタンをクリックしてください。

　そうすると、再生数が高い順に動画が並びますから、特に再生数が高いコンテンツの共通傾向を分析してください。

　分析の結果、以下のような共通する傾向があったとします。

・「プチプラ」を使った美容法は高い再生数の傾向にある。
・なるべくお金をかけずにできるハンドマッサージケア系が伸びている。
・〇歳若見えというキーワードがサムネに入ってると伸びている。

　この分析結果がターゲットが特に興味があるコンテンツの答えです。

　仮に上の３つのような傾向が読み取れるのであれば、40代の女性が求めるのは「なるべくお金をかけずにできる美容法で、若く見られたい」ということです。
　それであれば、このテーマを表現したコンセプトテーマでアカウントを作ってコンテンツを作っていけば良いのです。

わかりやすいアカウントコンセプト

コンセプトとは、第１章で説明をした通り「誰にどんな未来を届けるか？」です。

例えば、先ほどの 40 代女性が好む美容コンテンツのニーズリサーチの結果が「なるべくお金をかけずにできる美容法で、若く見られたい」なのであれば「お金をかけずに 10 歳若見えを目指す 40 代美容法」といったわかりやすいコンセプトを作ることが大切です。

このコンセプトが伝われば、ユーザーは「この人の発信を見ていけば自分もお金をかけずに若見えできる！」と思っていいねをしたり、フォローをしてくれるようになります。

全く同じやり方で 40 〜 50 代の女性をターゲットに「10 歳若く見られたい」というテーマの美容アカウントを作ったところ、そのアカウントは開設から 1 年 3 ヶ月後に 10 万フォロワーを達成しています。

濃いフォロワーのみを集める

アカウント立ち上げ初期で重要になるのは、「濃いフォロワー」のみに絞るということです。

さて、「濃いフォロワー」とはなんでしょう？

私が言う「濃いフォロワー」とは、自分の投稿をしっかりと見る確率が高く、かつ、いいね率・保存率・コメント率が高くなる可能性が高いフォロワーのことです。

前述の通り、Instagram はいいねや保存率が高い投稿が優遇されます。この「濃いフォロワー集め」を初期の段階でしっかりと行わないと、

アカウントがバズることはありません。

　そうなると、都合よく「自分の投稿をしっかりと見る確率が高く、かついいね率・保存率・コメント率が高くなる可能性が高いフォロワー」を集める手段はあるのか？という疑問が出てくると思います。

　安心してください。簡単に誰でもできる手段が存在しています。

　それは、ターゲットを絞った「いいね回り」です。
　実は、この自発的な活動がフォロワー集めには最適なのです。
　ここでは私が実際に行っている「いいね回り」の手順を紹介します。

<いいね回りの流れ>
（1）自分の発信コンセプトで、かつターゲットにしているユーザー
　　　が同じライバルアカウントを探す

（2）ライバルアカウントの投稿を見に行き、投稿に「いいね」を
　　　押している人を一覧で見る

（3）「いいね」を押している人のアカウントに遷移し、そのアカウント
　　　がアップしている投稿に「いいね」をして回る

　なぜこのようなやり方をするのかというと、自分の競合アカウントの投稿に「いいね」をする人は非常にアクティブなユーザーだからです。

　SNS全般に言えることですが、「見るだけで、いいねやコメントは一切しない」という人が半数近く存在します。そういう見るだけの人

をフォロワーにたくさん抱えてしまうと、自分の投稿のいいね率・コメント率・保存率は当然下がります。それはすなわち、発見欄に出にくくなるということにつながるのです。

だからこそ、競合アカウントに「いいね」をするユーザーは非常に大切にしたい存在です。アクティブで積極性があるアカウントに対して自分から「いいね回り」をして、アカウントの存在に気付いてもらうことで「濃いフォロワー」を形成していくのです。

この時、もう一つの条件を守るとさらに濃いフォロワーになります。その条件は「いいね回り」をする対象のアカウントのフォロー数が300以下であることです。

300という数字はあくまで目安ですが、せっかくあなたのフォロワーになってくれた人がたくさんの人をフォローしまくっているアカウントだと、自分の投稿がフォロワーのタイムラインに表示されないということが起こり得ます。見てもらえなければ、当然いいねも保存も発生しません。

よって、フォローしている人数が300人以下のアカウントで、アクティブにいいねなどの行動をするアカウントが濃いフォロワーになってもらえる可能性が高いのです。

誰でもできてしまう作業なので効果があるのか疑わしいと思うかもしれませんが、まずは自分のアカウントを相手に見つけてもらう必要があります。だからこそ、アクティブでフォロワーが300人以下のアカウントを競合の投稿のいいねリストからひたすら探しては、「いいね回り」をすることが重要です。

また、この時に注意点が一つあります。

　こちらからフォローはしないでください。

　フォローはせずに色々な投稿に「いいね」をして、こちらの存在に気付いてもらう。そしてこちらのアカウントを見にきてもらって興味を持ってくれれば、向こうがフォローしてくれる。この状態を意識することが大事です。

　私は、少なくとも1,000フォロワーに到達するまでは、この「いいね回り」を毎日行うことを推奨しています。

　ただし、1日に大量に「いいね」をすると、ツール・BOT判定に引っ掛かりアカウントがロックされたり停止処分を受けたりすることがあります。
　そのため、1日に行う「いいね回り」の数は100アカウントぐらいに留めて、それぞれのアカウントの投稿に対して3つずつ「いいね」をすることをおすすめします。

　つまり、毎日300いいね。これが最初のスタートです。

　地道な活動ですが、この先に濃いフォロワーが結成されて、のちに発見欄でバズるという道のりが見えてくるのです。

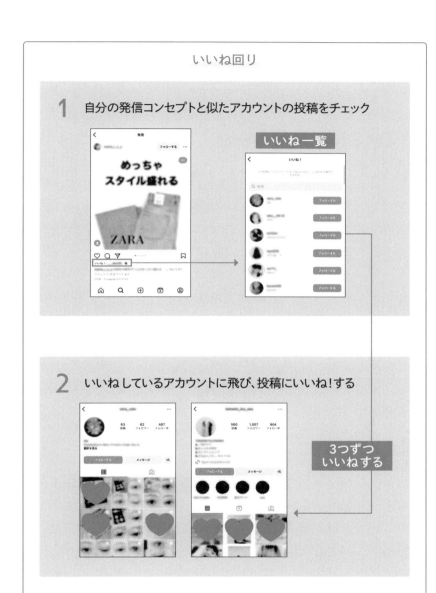

いいね回り

1 自分の発信コンセプトと似たアカウントの投稿をチェック

いいね一覧

2 いいねしているアカウントに飛び、投稿にいいね！する

3つずつ
いいねする

1日100アカウント＝300いいねを目安に
「いいね回り」をする

1枚目の画像は13文字までで文字を大きく

　ここからは、実際に投稿を作る時のポイントを解説します。

　1つ目のポイントとして、1枚目の画像は必ず文字付きの投稿にすることを意識してください。というのも、今の時代、映えている写真程度では「いいね」や「保存」を稼ぐことはできません。「いいね」や「保存」を稼ぐためには、ユーザーがその投稿に「有益性」を感じる必要があります。1枚目の画像は視聴者のタイムラインに一番に表示される、「雑誌の表紙」のような存在ですから、ここにしっかりと有益性を伝えるメッセージを入れましょう。

　さらに、このメッセージは13文字以内にすることをルール化してください。人間が一度に視認できる最大の文字数は13文字と言われているからです。

　また、キャッチコピーは当然目立った方が良いので、かなり大きめの文字にするようにしてください。大きい文字にする理由は、様々ある投稿の中で目立つという意味合いもありますが、文字が大きくないとパッと見で読めないからです。

　当然ながらSNSはスマートフォンで閲覧するユーザーが圧倒的に多く、スマートフォンの大きさは7インチ程度が主流です。

　さらに、今の時代は40代が日本の平均年齢です。Instagramは若者だけのアプリではなく、40～50代のユーザーも多く存在するようになっています。40～50代の方は、スマホの普及のせいで目が悪い人が増えていますし、老眼傾向が出ている方が非常に増えています。

　ここを見くびるとInstagramはびっくりするほど伸びません。何度

も言いますが、「文字を大きく」「13 文字以内」このルールを徹底することを意識してください。

10 枚重ね投稿が必須

　もう一つ、実際に投稿を作る時に意識するポイントとして投稿は10 枚の画像で作ることが挙げられます。Instagram は 1 投稿に対して10 枚まで画像を設定可能です。この 10 枚重ねが必須の理由は、以下の 2 つの行動が起きやすくなるからです。

<10 枚重ねが起こす効果 >
・投稿を見る滞在時間が増える
・有益なコンテンツで 10 枚のボリュームがあると、すぐに覚えきれ
　ず後で見直したい＝保存という行動が起きる

　何度も繰り返しますが、視聴時間が増えることとユーザーのリアクションは Instagram で投稿が発見欄に優遇されるための重要な評価軸です。ですから、必ず 10 枚重ねで投稿を作ることが発見欄に出てバズる近道になるのです。

　この時の全体の基本構成は、以下の通りです。

1枚目 ： 表紙
2枚目 ： 概要を伝える（最後まで見るとどんなメリットがあるか？）
3枚目 ： 保存誘導（重要だから、保存して見返してねアピール）
4 ～ 9枚目 ： 具体的な内容
10枚目 ： プロフィールページ誘導、他のおすすめコンテンツ誘導、
　　　　　保存誘導

この５つの原則を抑えれば、滞在時間が長く、いいねが多く、保存率が高いアカウントを作ることができます。

そのイメージが湧いたのではないでしょうか？

リール動画でバズる

Instagramでバズるためのもう一つのアプローチは、リールでバズるという方法です。

Instagramにあるリールという機能は、YouTube Shortsと同じ1分以内の縦型のショートムービーです。

TikTokやYouTube Shortsに対抗するために作られた機能のため、基本的なバズるコンテンツの作り方は、前章でお伝えしてきたYouTube Shorts・TikTokでバズるコンテンツ作りと一緒です。

リール

違いとしては、Instagramユーザーの平均的な情報リテラシーレベルが低いという点です。

現代における主なSNSプラットフォームを並べると、YouTube、TikTok、Twitter、Instagram、この4つが王者と言って過言ではありません。Facebookを含めない理由は、Facebookはもはやピークを過ぎて減退しているプラットフォームだからです。

4つのプラットフォームのリテラシーレベルは次のような順番です。

<ユーザーのリテラシーランキング>

1位　Twitterユーザー（一番リテラシーが高い）

2位　YouTubeユーザー（かなりリテラシーが高い）

3位　YouTube Shorts & TikTokユーザー（まあまあリテラシーが高い）

4位　Instagramユーザー（リテラシーが低い）

これにはプラットフォーム特性が関係しています。

リテラシーが一番高いTwitterは文字を主体としたプラットフォームです。文字から情報を正確に受け取れるユーザーは、ある程度自分で情報を持っていたり、賢い人が多いのです。

さらに、文字で手軽に発信できることから、Twitterは最も早く新しい情報が流れてきます。つまり、情報収集をするならTwitterは最先端かつ旬で高度な情報を得やすいプラットフォームになっているということです。

YouTubeはロングの動画が主体となるプラットフォームのため、ある程度のボリュームのある情報を、動画という手段で理解できる人が利用します。動画はわかりやすいとはいえ、一定量のボリュームある情報を受け取れる人でないと楽しむことができません。

一方、YouTube ShortsやTikTokは主に1分のショートムービーが主流のプラットフォームのため、コンテンツの結論がすぐにわかり情報量が少ないです。ですから、幅広い層の人が情報を簡単に受け取ることができます。それゆえ利用するユーザー層のレベルも少し下がります。

そして、最後にくるのがInstagramです。Instagramは画像を中心

としたプラットフォームのため、「インターネットで文字を読むのが得意じゃない」「動画でたくさん情報を受け取るのも得意じゃない」けれど「SNSを手軽に楽しみたい」と思っているユーザーが最も頻繁に利用しています。また、今までSNSをあまり使いこなして来なかった40〜60代の女性ユーザー層の利用がとてつもないスピードで増えています。つまり、情報リテラシーが低めのユーザーも多いのです。

　そういった背景もあり、リールで再生が伸びている動画はYouTube Shorts・TikTokよりも浅い内容の傾向があります。1〜2年前にTikTokで当たったような企画が遅れてリールで当たることも珍しくありません。要するに、Instagramは「遅れている」プラットフォームなのです。

　このように、プラットフォームのリテラシー差を利用した戦略を立てることはおすすめです。
　この考え方はタイムマシン経営と同じ発想です。
　リールを攻略する時には、YouTube Shorts・TikTokで解説したショートムービーの作り方の基本を押さえたうえで、「1年遅れている」という感覚を持って取り組みましょう。

第5章

視聴者を「ファン」に変え
商品を販売していく

11

「ファン化」をさせる
コンテンツの作り方

ただの視聴者を「ファン」にする

　ここまでは、YouTube、YouTube Shorts、TikTok、Instagramを活用し、ゼロスタートでもバズって認知を獲得する方法について解説をしてきました。ここからは、ビジネスの売上につなげていくために、獲得した認知から「ファン」を形成するフェーズに入ります。

　大前提、多くの人が「フォロワー＝ファン」と勘違いしています。
　この間違った考え方をしていると、SNSをビジネスに活用して成功させることはかなり難しくなります。
　なぜなら、フォローするという行為は非常に軽い行為だからです。

　実際の一般ユーザーが誰かをフォローする時は「なんとなく好き」「なんとなく有益そう」くらいの気持ちでフォローします。「あなたのことが本当に好きでフォローしました！」なんて人は、超一握りと思ってください。

　当たり前ですが、ビジネスにSNSを活用するということは、SNSでの発信をきっかけに商品やサービスを購入してもらうということです。ユーザーに「お金を支払う」というプロセスを乗り越えさせなければなりません。
　人は、お金のかかる行為には非常に消極的です。このなんとなくフォ

ローしている人々に「この人にはお金を払ってもよい」と思わせるために、はっきりと自分を好きになってもらう必要があるわけです。

　このファン化という現象について、「どうしたら起こるのか？」「そのためには何が必要か？」ということを実践し、言語化できている人はプロでもほとんどいないと感じています。

　本書では、様々な事例を成功させる中で私が確立したファン化がどうやって起こるのか、その中でも購入に至るような濃いファン化に必要な要素は何か？を解説します。

　私は濃いファン化を実現するためには、3つの要素が必要だと提唱しています。その3つの要素とは、以下の通りです。

> ＜ファン化のための3要素＞
> ・共感できる
> ・視聴者にはできない「すごい能力・専門性」がある
> ・オンリーワンの存在であることを認識させる

　視聴者の中でこの3つの要素が高まると濃いファン化が形成されます。さらに、その総合点によってファン化の度合いまで決まると思っていてください。

共感できる

　あなたをはっきり好きになるというのは、視聴者にあなたが自分と近しい存在だと認識し心を許して好きになってもらう＝親近感を持ってもらうことです。親近感は「価値観への強い共感」から生み出されます。

　「価値観への強い共感」を生み出すためには、視聴者にあなたの人生について深く知ってもらうことが不可欠です。

　突然ですが、「友達」「親友」の差はなんだと思いますか？

　その答えは単純で「深く知っているかどうか」の差です。細かくとらえれば関わっている時間の長さや、共通の趣味など、様々な要素が存在はしますが、そのほとんどが深く知っているかどうかの差に帰結します。

　「親友」は友達の中でも特に仲のいい、心許せる存在ですから、好きか嫌いかでいえば絶対に好きなはずです。
　「親友」についてであれば、どういう人生を送ってきて、今どんな仕事をしていて、将来何を目指していて、今は何に悩んでいるのか、というレベルのことまでを代弁してあげることができるのではないでしょうか。

　では、「友達」ならどうでしょうか？
　「友達」というくくりに認識している人については、今何をやっているかは知っているけれど、細かい生い立ちや将来目指している姿、今の悩みなど、全てを代弁することはできないはずです。

親友か友達かどうかの差は、単純に「深く知っているかどうか」だけ。深く知っていると、「価値観への共感」が生まれます。

　そして、この「価値観への強い共感」ができるかどうかがファンになるかどうかを大きく左右します。つまり、あなたが視聴者をファン化させるために最初にやるべきことは、あなたについて親友並みに詳しくなってもらうことなのです。

　そのために、あなたが過去どんなことをしてきて、その結果どんな価値観が形成されて、そして今はどんな活動をしていて、最終的には何を目指しているのか、それを目指す過程の中でどんな価値提供を社会にしようと思っているのか、を偽ることなくしっかりと視聴者と共有するコンテンツが必要になります。

　その代表的な100点満点の事例がRepezen FoxxのDJ社長がYouTubeにアップした「好きなことで生きていく」というコンテンツです。DJ社長はYouTubeをはじめて間もないころ、とにかく認知と注目を集めるために過激な投稿を大量に行い、世間では過激でやばい人と認識されていました。これは認知のフェーズです。

　そして、しばらくたったころに「【好きなことで、生きていく】『レペゼン地球-DJ社長』」という1本の動画を投稿しました。この動画は、DJ社長の過去の生い立ちから現在に至るまでの壮絶な経歴と何を目指しているのか？を視聴者と共有できるコンテンツでした。

　彼の人生を知った瞬間、視聴者は「だからこの人は『あえて』過激なことをしていたのか！」と、納得してしまったのです。このストーリーがつながることでDJ社長への親近感が爆発し、ただ知っている

だけの存在から、ファンに変わった人が一気に増えました。その勢いでスターダムにのしあがったと言ってもいい人気を獲得したのです。

▶ 実際の動画はコチラ
【好きなことで、生きていく】『レペゼン地球-DJ社長-』
https://www.youtube.com/watch?v=PPnbEiXSYM8&t=710s

　このことからもわかるように、最初に作るべきコンテンツは視聴者に深く知ってもらい、あなたの価値観に共感しやすくするための、あなたの人生を伝えるコンテンツです。

　私は、このコンテンツ作りをあらゆる角度から実践してきています。
　勝友美さんを例に挙げましょう。彼女がファンを大きく増やすきっかけになったのは以下の2本の動画です。

1本目：想いが未来を作る（YouTube にアップした 17分のスピーチ）
2本目：【衝撃】8年前に大阪でアパレル店員がスーツ屋を起業した
　　　　結果（YouTube Shorts の 1分の動画）

　この2本はどちらも勝友美さんの人生を伝える内容で、この動画によって、彼女は爆発的にファンを増やしました。

　内容を要約すると、彼女が「絶対に無謀だからやめな」と言われた中、オーダースーツ業界を変えるためにテーラーとして起業するシーンからはじまり、寝る間を惜しんで苦難を乗り越えた先に、日本のテーラー業界で初めて、世界4大ファッションコレクションの一つであるミラノコレクションに出展するストーリーです。

実際の動画は以下の QR コードから見てみてください。動画を一度視聴してもらえると、ここに記載したことの答えと、ファンになる理由が理解できるはずです。

▶ 実際の動画はコチラ

「想いが未来を創る」 勝 友美　Tomomi Katsu at KUDEN

https://www.youtube.com/watch?v=RXinzUVs32k

【衝撃】8年前に大阪で
アパレル店員がスーツ屋を起業した結果

https://www.youtube.com/watch?v=wf3vR9WeBx4

人生を伝えるコンテンツのおすすめの作り方

　人生を伝えるコンテンツは、最も簡単にファンを形成することができるのですが、動画がうまく作れないケースが多いため、おすすめの作り方についても解説していきます。

　まず、大きなポイントが4つあります。

<人生を伝えるコンテンツの作り方>
（1）初心者は1分のショートムービーではじめる
（2）冒険への旅立ち→挫折→成功→大事な価値観の構成を作る
（3）構成に合った写真をピックアップする
（4）音源の力を利用する

　この順番で作れば、初心者でも人生を伝える良質なコンテンツを作ることができます。内容の構成は以下のようにしましょう。

<人生を伝えるコンテンツの内容構成>
（1）はじまり
（2）何者でもない自分の過去
（3）ただがむしゃらに頑張る自分
（4）しかし、何者にもなれない自分
（5）それでも頑張り続ける自分
（6）成功の兆し
（7）一番の盛り上がりポイント：成功をつかむシーン
（8）つかんだ成功
（9）成功した先に見える景色
（10）成功した先につかんだ価値観
（11）締め

最初はこの1〜11に該当するメッセージを決めて、そのメッセージに合う昔の画像を集めたりすると作りやすいかと思います。これを、ショート動画プラットフォームでよく使われている音源と組み合わせます。耳馴染みのある音源を使うことで視聴者の注意を引くことができるのです。

　ただし、使用する音楽の権利関係には注意をしてください。二次創作での使用が認められていないものを使うと、著作権に違反しているとして動画が削除されてしまう場合があります。

　ここでは、前のページで説明した構成で音楽を付けて動画を作るとどうなるかを、勝友美さんのショート動画を例にご紹介します。

　皆さんもこの例を参考に、ぜひ動画を作ってみてください。

〈実例〉【衝撃】8年前に大阪でアパレル店員がスーツ屋を起業した結果

1 はじまり

〜♪：気分次第です僕は敵を選んで戦う少年

2 何者でもない
自分の過去

〜♪：叶えたい未来もなくて夢に描かれるのを待ってた

3 ただがむしゃらに頑張る自分

〜♪：そのくせ未来が怖くて明日を嫌って過去に願って

④ しかし何者にもなれない自分

～♪：もう如何しようもなくなって叫ぶんだ「明日よ！明日よ！もう来ないでよ」って

⑤ それでも頑張り続ける自分

～♪：そんな僕を置いて月は沈み日は昇る

⑥ 成功の兆し

～♪：でもその夜は違ったんだ君は僕の手を

⑦ 成功をつかむシーン

～♪：空へ舞う世界のかなた闇を照らす魁星

⑧ つかんだ成功

～♪：『君と僕もさ、また明日へむかっていこう』

⑨ 成功した先に見える景色

～♪：夢で終わってしまうのならば「昨日を変えさせて」

⑩ 成功した先につかんだ価値観

～♪：なんて言わないから

⑪ 締め

～♪：また明日も君とこうやって笑わせて

♪：Orangestar(2015)「アスノヨゾラ哨戒班」

視聴者にはできない「すごい能力・専門性」がある

　ファン化をさせるうえで、重要な要素に「憧れ・尊敬」という要素があります。「憧れ・尊敬」を持ってもらうには、視聴者にはできない「すごい能力・専門性」があることを理解してもらうのが手っ取り早いです。

　「憧れ・尊敬」という感情は、「自分にはできないことをできている人」に対して抱く感情です。つまり、視聴者ができないことを自分はできる存在であることを証明するコンテンツを作って見せていくことが、そのままファン化につながります。

　そのために効果を発揮するのは「視聴者が持っていない・できないことを、自分は持っている・できる」ということを示す動画です。具体例を出すと、以下のような動画が当てはまります。

第5章
視聴者を「ファン」に変え商品を販売していく

> ＜憧れ・尊敬を持ってもらうために有効なコンテンツ＞
> ・高い専門性があることを示すコンテンツ
> ・特殊技能を示すコンテンツ
> ・圧倒的な有益性を示すコンテンツ
> ・一般の人では持っていない経験を示すコンテンツ
> ・一般の人が持っていない美貌

　なおこ先生＠歯医者のチャンネルはわかりやすい例です。

　彼女は「高い専門性」「特殊技能」「みんなに役立つ有益な歯の話」「綺麗で品がある美貌」など、視聴者から見て自分が持っていない要素をたくさん持っていました。

　そのため、比較的簡単に「憧れ・尊敬に値する人」という認識させ

ることに成功し、非常に早いスピードでファン化が進みました。
　医者、弁護士、公認会計士などわかりやすい専門性がある方は非常に有利です。

　もちろん、わかりやすい資格がなかったとしても、専門性を伝えることは難しくありません。特定の分野について視聴者が役に立つと思える有益な内容に絞って伝えていくことで、自然とファン化は進みます。

　一気にファン化を進めたい場合におすすめなのは長尺動画をYouTubeにアップすることです。ここで言う長尺動画は30分以上の長さがある動画で、特定の分野について完全網羅する動画です。
　この長尺動画を出すことによって、視聴者に対して「この人は、この分野のとんでもない専門家なんだ！」と認識させることができます。
　長尺動画は当然ながら短尺の動画を作るより手間も労力もかかりますが、その分ライバルも減ります。
　ですので、わかりやすい国家資格などがない分野に関しては、この長尺動画を作ってしまえば自然と勝ててしまうのです。

　例えば、私が協力する「翔てんてー🎤SUCCESS VOICE LESSON」というボイストレーナーのYouTubeチャンネルがあります。
　このチャンネルでは、ミックスボイスという歌手になりたい人が高音を出すために避けて通れない技術についての1時間ほどの長尺動画を出しています。この動画は、内容・編集ともにクオリティが高く、競合を圧倒する内容で作り込まれています。
　この動画は、視聴者に「YouTubeをやっているボイストレーナーで一番実力があるのは翔てんてーである。」ということを認識させるの

には十分でした。

　この動画をきっかけに、現在では翔てんてーにレッスンをして欲しいというお客様が殺到しています。
　ちなみに、ボイストレーナー界隈ではハイクラスのレッスン料ですが、それでもその実力に惚れた方々から圧倒的な支持を集め、レッスンは３ヶ月〜半年待ちとなっています。

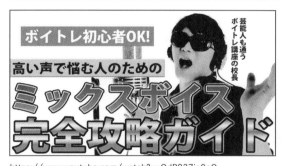

▶ 実際の動画はコチラ

【 本気の神回 】日本一わかりやすい ミックスボイス講座
〜 ボイストレーナーが 高い声で歌いたい人のために ミックスボイスの
仕組みから 出し方・歌い方・判定までを実戦形式で1時間で教えます〜

ボイトレ初心者OK!
高い声で悩む人のための
ミックスボイス
完全攻略ガイド

芸能人も通う
ボイトレ講座の校長

https://www.youtube.com/watch?v=QdP927ia0oQ

オンリーワンの存在であることを認識させる

ここまでの「共感ができて、自分には持っていないすごい能力や専門性がある」ことを伝えた段階で、あなたの視聴者はすでにかなりのファン化が進んでいます。しかしながら、同じプラットフォームに同じような人が他にも多くいれば、あなたの存在が埋もれてしまう可能性があります。

たくさんの競合に埋もれないためにも、**視聴者の中で唯一の存在＝オンリーワン**になる必要があります。

「○○という分野に関しては、この人が一番好き。一番すごいと思う。他に同じような人はいない」といったように認識されれば、集客力は爆発的に高まるのは言うまでもありません。

ここで、あなたがオンリーワンの存在になれるかどうか？の確認の仕方を紹介します。それは**強みの要素の掛け算**です。自分が持つ強みは何人に１人が持っているかを考え、その数字を掛け合わせていくのです。この強みの掛け算で１億分の１になると、視聴者の中でオンリーワンと言えるくらいの強みを持っているといえるでしょう。

勝友美さんを例に挙げて説明します。まず、彼女の強みの要素は以下の通りです。

強み①　女性社長（女性社長1,000人の中で一番になれる）

強み②　テーラーのトップ技術（テーラー1,000人の中で一番になれる）

強み③　美人（同世代の女性100人の中で一番になれる）

強み④　話が面白い（話が得意な人の100人の中で一番になれる）

1/1,000 × 1/1,000 × 1/100 × 1/100 ＝ 100 億分の 1

彼女の場合は 100 億分の 1 にまで到達します。

このように、自分の強みの中で複数人の中で一番になれる要素を書き出し、自分の取れるポジションを考えます。同時にコンテンツを通して視聴者にもそれを伝え、オンリーワンのポジションを確立していきましょう。

まずは自分の強みを探し、見つからなければ作り上げることも必要です。他の面白い例で言えば、釣り×美人×巨乳といったものもあります。

```
強み①  女性の釣り人（釣りを趣味にする人 100 人のうち 1 人ぐらい）
強み②  釣り（釣りの技術は、釣り人 10 人で一番になれるレベル）
強み③  美人（同世代の 100 人で一番になれるレベル）
強み④  巨乳（同世代の 100 人で一番になれるレベル）
```

1/100 × 1/10 × 1/100 × 1/100＝1000 万分の 1

1000 万分の 1 であればまずまずですが、あと 10 人のうち一番になれる強みが見つけられるとベストです。

この例の場合、比較的男性が多い釣りという趣味に対して、「女性」という特徴をぶつけることで、「女性の釣り人」という強みにつながっています。

さらに、人数的にも少ないため、「珍しい」というレアボーナスが付与されています。「珍しい」ことはボーナスを生み出しますので、意識して自分の強みを構築してみましょう。

私の場合はプロデュースに入る時に、顔役となる演者が「オンリーワンの存在になれる強みの掛け算を持っているか?」「その強みをわかりやすく演出できるか?」までを意識して戦略を練っています。

　このようにオンリーワンの存在だから、人は会いたいし、そこにお金を使いたいし、時間を使いたいのです。

　以上、ここまでがファン化の話になります。

共感、
すごい能力と専門性、
オンリーワン。

この3つが視聴者の頭の中で揃った時のパワー、想像できますか?
とんでもない熱狂を生み出すことがイメージできるはずです。

12
ファンを顧客にする
集客実践

─ LINE公式アカウントのリスト数で売上も決まる

　ここからは実際に売上を上げるための集客を実現する方法について説明します。せっかくファン化してもらうまで頑張っても、集客ができないとビジネスにはつながりません。

　まず、WEBマーケティングにおける集客とは、「見込み客リスト」を作ることだと認識してください。見込み客リストとは、営業サイドから連絡を取れるリストのことを指しています。

　ビジネス全般に共通して言えることですが、売上は見込み客リスト数に比例すると言えます。見込み客リストが100人いる人と、見込み客リストが1,000人いる人では売上で10倍もの差が付くこともあるでしょう。つまり、リスト数を増やせば増やすほど売上が増えやすくなるのです。

　しかし、SNSプラットフォームは視聴者と個別に連絡を取ることが難しい場合があります。例えば、YouTubeではチャンネル運営者は自分の動画を見ている視聴者の連絡先を把握することができません。また、YouTubeやSNS全てに言えることですが、自分の作った投稿がフォロワーに必ず届くとは限りません。

　したがって、商品をリリースしたいという時にしっかりと情報を受

け取ってもらうためには、情報をより高い確率で受け取ってもらえる連絡手段を確保することが重要です。そうしなければ売上につながるセールスをかけることが非常に難しくなります。

　そのために使われる手段として代表的なのが LINE 公式アカウントです。
　YouTube や TikTok、Instagram を通じて認知とファンを形成した後、LINE 公式アカウントに友だち登録をしてもらうことで連絡が取れる見込み客リストを形成します。このリストの数を増やしていくことで、売上は大きく増えていきます。

LINE 公式アカウントの機能について

　LINE 公式アカウントには、下記の 4 つの機能があります。
　そのため、こちらからの連絡を確実に受け取ってもらえます。

```
<LINE 公式アカウントの機能 >
・1 対 1 の個別トーク
・一斉送信でのご案内
・ステップ配信
・属性分けしての送信機能
```

1 対 1 の個別トーク

　見込み客を形成するうえで、1 対 1 で会話ができるというのは必須です。最後の商品のクロージングや決済の案内、その後のサポートなど、1 対 1 でコミュニケーションを取れた方が良い場面が必ず出てきます。

一斉送信でのご案内

　見込み客が 100 人程度であれば個別トークだけでも営業対応することは可能です。しかし、見込み客が 300 人、500 人、1,000 人、10,000 人と増えていくと、1 人でこなしていくのは不可能です。

　しかし、そのために人を雇うのは利益率を悪化させます。そのため、一斉送信でご案内や決済のご案内ができることは、必須条件です。

　本書でお伝えしている WEB マーケティングの本質と真剣に向き合い、認知とファン化の施策を行えば、LINE 公式アカウントの登録者が 1 万人を超えるのは当たり前によく起こる現象です。

ステップ配信

　見込み客に対して最終的に販売を行っていくためには、購入に至らせるための一定のシナリオが必要です。シナリオの展開イメージは「強い興味づけの発信→ 購買意欲を高める発信→ 購入促進の発信 → 購入締切の発信」です。このように最低でも 4 回は発信しましょう。

　LINE 公式アカウントでは、事前に設定しておけばそれぞれを自動で配信することが可能です。

タグ分けしての送信機能

　LINE 公式アカウントに登録をしてくれた人に対して特定の「タグ付け」を管理側でしていくことで、指定のユーザーに絞って一斉送信をすることができます。例えば、購入してくれた人にタグを付けていき、購入者タグユーザー以外に対しての追加のセールスの発信などが可能です。

　このように、最終的な「販売」というプロセスを成立させるうえで、必要な機能が充実しているのが「LINE 公式アカウント」なのです。

見込み客リストを最大化させるための方法

「YouTube や SNS プラットフォームから、LINE公式に誘導するためにどうすればいいのか？」という疑問が出る方もいると思います。

「YouTube を見るだけ」と「LINE で友だち登録すること」のハードルの高さが違うことは、明らかです。

このハードルを超える方法は結論から言うと、魅力的な登録特典のプレゼントをたくさん用意することです。

人は、メリットがないと LINE公式の友だち登録はおろか、LINE公式アカウントへのリンクをタップするという行為すら行いません。なんなら、もはや世の中の人は「LINE に登録したらセールスをかけられる」という認識まで染み付いてきていますので、皆さんが想像する以上に登録には腰が重いと認識をしてください。

つまり、かなり魅力的な特典が揃っていないと「登録しよう！」という気持ちにはならないのです。

おすすめは、5つ以上の魅力的な特典プレゼントを付けて、登録者限定の 5 大特典プレゼントがあると宣伝することです。事前のファン化と特典次第では、フォロワー数の 1% 〜 10% は LINE公式への流入が期待できます。

そして、いよいよ販売！……とはなりません。

ここで 1 クッション、非常に重要な大事なフェーズを挟む必要があります。

13 ビジネスを成功させる 絶対的な「信頼構築」

━━ 信頼構築はビジネスの要

　LINE公式アカウントを通じて見込み客リスト化に成功すると「いよいよ販売！」と、多くの方が意気込むでしょう。しかし、このリストにいきなりセールスを仕掛けると、見込み客の方々が引いてしまいます。

　そこで必要になるプロセスが「信頼構築」というフェーズです。ここで言う「信頼構築」とは、**払ったお金以上の対価が確実に見込める商品であることを証明する行為**です。

　お客様が最も恐れることは「払ったお金に対して、全く未来の変化を感じない」ことです。つまり、「損した」と感じることが最も恐ろしいのです。

　お客様の手元にあるお金は、お客様が貴重な人生の時間と労力をかけて手に入れた努力の結晶です。その結晶を払う以上は、当然払ったお金以上の対価を得たい、と思うのは当然の感情です。

　そこで重要になるのが、「私が提供する商品・サービスは、あなたが払うお金以上の価値があるのです」ということを様々な形で証明することです。

　その時に**最も効果を発揮するのが「無償奉仕」**です。
　無償奉仕とは、お金をもらわずに価値を提供する行為です。

よく見かける手法でいうと、「無料相談」「無料提供」「無料プレゼント」「無料特典」「サンプルプレゼント」などが該当します。無料で商品を提供することで、ユーザーに無償奉仕をします。

そして、この時最も重要なのは「見返りを求めずに行う」ことです。

WEBでサービスを売っている多くの方は、「無料相談」をする際に、「売るためにやる！」という形で見返りを求めています。
しかし、ここで重要なのは、見返りを求めずに提供することです。「お金にならなくても構わない！役に立てたら嬉しい」というスタンスを持つことが非常に大切です。

例えば、あなたの目の前を歩いていた人が、財布を落としたとしましょう。あなたはその財布を拾って本人まで届けてあげようと思いました。
その時、あなたはどのように財布を渡しますか？

大体の人が、この2つのパターンに分かれるのではないでしょうか。
さて、ここでパターン①の対応後の展開を想像してみましょう。

＜パターン①＞
あなた　「財布落としましたよ！」
相手　　「うわ、本当にありがとうございます！」
あなた　「謝礼として一割もらっていきますね！」
相手　　「は？（ブチギレ）」

一方で、財布だけ渡して立ち去るパターン②では…。

＜パターン②＞
あなた　「財布落としましたよ！」
相手　　「うわ、本当にありがとうございます！」
あなた　　立ち去ろうとする
相手　　「あの、お礼をさせていただきたいので、連絡先を教えて
　　　　　いただけませんか？」

こうなることは容易に想像できるのではないでしょうか。
　この例からもわかるように、無償奉仕をする時に最も重要なのは**見返りを求めない行動**です。

　財布の例であれば、ほとんどの人が②を選択できるでしょう。

　しかし、ビジネスの場合はどうでしょうか？

無料相談、無料コンサルティング、無料プレゼントをする時、見返りを求めずにできていますか？

　ここを、自分に問いかけてください。

　覚えておくべきは、下心のある優しさを人は嫌うということです。
　だから、無償奉仕を通じて信頼を獲得していく際には、「下心なく、とりあえず買ってくれなくても、目の前の相手が喜んでくれればいい！」という気持ちで向き合うことが非常に重要です。この純粋な気持ちがビジネスを成功に導きます。

　ビジネスの本質は「相手を喜ばせること」にあります。
　下心を変に出さない方が自然とうまくいくのです。

無償奉仕こそが錬金術

　無償奉仕のさらなるポイントは「無償奉仕こそが現代における究極の錬金術」ということです。この考え方は、ビジネスを成功させるために非常に重要ですから、心して読んで頂ければと思います。

　この世の中は等価交換に基づいて成り立っています。

　例えば、100万円で請け負ったWEB制作の仕事があったとします。この時、100万円の仕事に対して100万円分のエネルギーを投入し、100万円分のWEBサイトを提供しようとする人が多いでしょう。

　しかし、ここで重要なのは、100万円の仕事に対して150万円分の

エネルギーを使い、150万円分の価値があるWEBサイトを提供することです。

　このようにすると、お金を支払う側は、100万円しか払っていないのにもかかわらず150万円のクオリティの仕事をしてくれたことに対して、50万円分の感動が発生します。

　この時、あなたは100万円しかもらっていないのに150万円の仕事をしているため、50万円分を無償奉仕している状態です。単体で見れば損をしていると思うかもしれません。

　しかし、そうではありません。この差額の50万円分のエネルギーが感動を生み出し、相手は何かしらの形でその感動を返そうとします。何かしらの形というのは、リピート、今後の単価アップ、紹介、情報など、さらなるビジネスにつながる可能性を秘めたものである場合が多いでしょう。
　このように、感謝はいずれ返ってくる確率が高いのです。

　先ほども述べたように、この世の中は「等価交換」でできています。

　あなたが人のために下心なく尽くしたエネルギーは消えていません。相手も真っ当な人であれば、そのエネルギーは必ず循環します。
　だからこそ、恐れることなく多くの人たちに「無償奉仕」をしてください。あなたの全力の価値提供は、必ず何かしらの形であなたに返ってきます。

　YouTubeやSNSがうまくいかない人の大半は、「打算的な人」が多いです。つまり、GIVE & TAKE思考なのです。

100 を提供したら 100 の対価が欲しいという考え方です。

この考え方は、今日から捨ててください。

この考えである限り、売上が増大していく流れには入りません。

YouTube・SNSで成功する人は、「下心なく、もらえる金額は関係なく、いつでも目の前にいる人たちを全力で喜ばせるためにベストを尽くした仕事をする」ということを心がけています。

あなたもこれを心がけるのが、究極の無償奉仕になります。

その姿勢に必ずファンが付くので、常日頃から忘れないようにしてください。

YouTube・TikTok・Instagramの発信段階から無償奉仕ができている人は、見込み客リスト化をした時にすでに信頼構築が完成している状態になるため、販売も非常にスムーズになるのです。

14 確実に売上を獲得する！販売テクニック

　ここからは販売を成功させるための手法を説明します。

　そして衝撃の事実をお伝えします。

　実はここまでの認知→ ファン化→ 集客→ 信頼構築を正しく実行できていれば、正直、販売に尽力しなくてもそれなりに売れます。

　ここまでのトータルの流れが 80 ～ 90％の結果を作っており、販売のテクニック的な要素はおまけです。

　その前提のうえで、販売の時には下記のようにクロージング率が高い手法に順番があることを知っておいてください。

<クロージング率が高い手法ランキング>
1位　無料個別相談からのクロージング
2位　人数限定セミナーからのクロージング
3位　動画視聴またはライブ配信からのクロージング

　無料個別相談からのクロージングは一番簡単で成約しやすい手法です。ここまでの WEB マーケティンのプロセスを丁寧に行っていたら、視聴者からすれば「画面の向こう側にいた人が個別に相談に乗ってくれる」という喜ばしい状態が作り上げられています。よっぽどひどい商品でなければ、金銭的な不安さえなければ買います。

　次点でセミナーからのクロージングが簡単です。一対多数での対応になりますが、そのうえで「購入するとどんな未来に到達するのか？

そしてその未来に対する価格は高くない」と理解させることができれば、商品は売れます。ただし、個別相談よりはひとりひとりへのフォローが薄くなりますから、難易度は若干上がります。

　そして、一番難易度が高いのは、動画・ライブ配信からの販売です。難易度が上がる理由は、最も視聴者との距離が遠いからです。

　もう一つ覚えて欲しいのが、実は、商品販売において一番大事なのは「熱量」だったりする、ということです。様々な企業が色々なマーケティング手法を駆使している現代ですが、人の購買意思決定には、意外と雰囲気と勢いという部分があります。
　フラッと買い物に出かけて、「買うつもりはなかったのに買ってしまった」という経験のある人は多いでしょう。それは、「欲しい！」と思ったその時の感情に動かされてそのまま買うからです。
　そして、そのための重要な要素の一つが「熱量」です。
　距離感が近い販売方法の方が熱量が伝わりやすいため、自然と距離感ごとに難易度が決まります。

　また、販売手法を選ぶ時には、その時の視聴者のファン化具合・信頼構築具合から手法も加味しましょう。ファン化・信頼構築に不安が残る場合は、個別相談からクロージングを選択します。その方が確実に１件の売上を獲得することができるからです。
　一方で、ファン化・信頼構築に自信がある時は、人数限定セミナー・動画視聴・ライブ配信からの販売を選択します。

　このように、自分自身の状況と、販売の手法を合致させることで、より効率的に売上を上げることが可能になります。

必勝セールストーク

　ここまでのことを理解して販売を行っても失敗してしまう場合、お客様を買う気にさせるセールストークができていない可能性があります。

　そんな時に役立つ、おすすめのセールスの基本構成を紹介しますので、ぜひ実践に生かしてみてください。

<セールス構成の基本>

（1）興味づけ（実績提示）で、聞く姿勢にさせる
　相手が欲しい未来が手に入る話であることを、最初に提示する。

（2）相手の悩みを代弁し、さらにその悩みを放置することの恐ろしさを伝える
　悩みを再認識させることで、必要性を強く感じさせます。

（3）なぜ、理想の未来に辿り着かずに悩むことになるのか？の理由を提示する
　なぜ壁にぶつかったままなのかを理解させることができれば、その壁を乗り越えたくなるはずです。

（4）壁を乗り越え、理想の未来に到達できる、画期的な方法であることを提示する
　壁を乗り越えるために、今まで実践していなかった方法であれば、試して、理想の未来が欲しいという感情が湧きます。

（5）成功事例とお客様の声を提示する

ここまで説明してきたロジックにより、理想の未来を手にした人が実在する安心感を生み出します。

（6）他社サービスと比較して、価格の妥当性とコストパフォーマンスの良さを理解させる

他社では通常これだけ高い値段で提供されていることを、安価に受けられると納得させることで、離脱がなくなります。

（7）早く購入するべき緊急性を提示する

人は、必要性と緊急性が揃って行動を起こします。この機会を逃すと損をするということを理解させることができれば、その場で購入しよう！という行動に発展します。

この7つの順番で説明をしていけば、顧客は高い確率で今までの信頼を踏まえて購入に踏み切ります。これがセールスが最も決まりやすい基本の構成です。

1対1の面談でも、セミナーでも、ライブでも、動画での販売でも活用できるセールストークなので、苦手だと思う人はぜひ参考にしてみてください。

ちなみに、1対1の面談の場合だけ、（2）の悩みの代弁を「ヒアリング」という形で相手に話させましょう。そうすることでより深く悩んでることの再認識と必要性を認識させることができ、購入につながりやすくなります。

第6章

ビジネスを拡大して
WEBマーケティング
時代を生き残る

15 顧客単価を最大化させる
商品が飽和する現代で
伸びるための戦略

　あなたが大手企業のSNSマーケティング担当でなければ、商品販売をするうえでは、顧客単価を最大化させるための戦略を取った方が良いでしょう。そのためには以下の商品のどちらかでビジネスをはじめることをおすすめします。

<ビジネスにおすすめの商品 >
・ 高単価商品（10万円 〜 100万円）
・ 中価格サブスクサービスの年間販売（3万円 〜 10万円）

　この2つをおすすめする理由は、YouTubeやSNSでのファン化を実現してから行う販売の場合は、ファン化の度合いが深いため基本的に安売りする必要性がないからです。

　WEBマーケティングが発展する前のマーケティングでは、ここまでに説明した認知→ファン化→集客→信頼構築→販売のプロセスが踏まれることはほとんどありませんでした。
　消費者心理的にも「まずは安くリスクなく試したい」と考えるため、安売りやお試し販売をしないといけないケースが多かったのです。

　しかし、ここまでに説明したマーケティングプロセスを正しく実践した場合は、最初から認知も信頼も最高の状態でのセールスになるため、あえて安売りをする理由はありません。最初から自信を持って、

最高の商品・サービスを適正単価で販売しましょう。

また、当たり前の話ですが、価格が高く販売できるということは、商品内容や品質を高めることができたり、手厚いフォローアップによる顧客満足度をアップする予算が取れることにつながります。

どんなサービスや商品も、ほとんどは一定期間実践すれば結果が出るはずです。それであれば「顧客が未来を変えるための、結果を出すためのベストな提案」をすることが望ましいでしょう。

私はベストな提案を実現するためにも、内容を最大限高め手厚いフォローができる高単価商品か、一定期間継続をしてもらうことを前提とした月額商品の年間販売を推奨しています。

特にコンサルティングサービスや技術指導サービス・教育サービス・美容サービス・健康サービスなどの商材では、1ヶ月で目に見えた結果を出せる商品はかなり少ないです。セールスの段階で一定期間使い続けることで結果が出ることをしっかり訴求して、最初から結果を出すためにベストな提案をするのが正解です。

そして、結果を出す人の確率が高ければ高いほど、クチコミも広がりロングセラーの商品に発展します。

さらに、売るための労力を低単価商品と高単価商品・中単価商品で比較しても、あまり大差はありません。

ここまで読んだ人は理解したと思いますが、ここに辿り着くために、かなりの努力と積み重ねが必要です。だからこそ、最初から堂々と適正単価で販売して、利益を出すことをおすすめします。

その利益があるからこそ、長期で良質な商品提供の体制を整えることができ、またその利益を通じて、商品のブラッシュアップや改善の予算を捻出、さらに販売を強化していくためのマーケティング予算に

回す……。こうして事業は好循環の流れを作っていきます。

　また、中単価サブスクサービスについて年間で売るべき理由がもう一つあります。

　現代ではサブスク・定期便のサービスが世の中に溢れかえり、ユーザーはサブスク貧乏になっています。サブスク貧乏とは、使いもしないサービスを次々に契約したり、長期間解約できないサービスを契約してしまったり……と予想外にサブスクサービスにお金をつぎ込んでいるような状態のことです。ユーザーにもその自覚があるため、「何か新しいサブスクをはじめる時には、何かのサブスクをやめる」という意識で契約を考える人が少なくありません。

　つまり、同じようなサービスの中でどんどん目移りしている状態というわけです。当然、解約率は高くなります。

　もしあなたがこの市場でビジネスをはじめたとしたら、常に同業に乗り換えられる覚悟でいなければなりません。

　さらに、お金に余裕があったとしても、一般的な消費者は忍耐力と継続力がないため、高い確率で努力の継続ができずに、サービスを利用しなくなります。そして最終的にはサービスをやめていくのです。

　その結果、有料サブスクサービス界では、平均利用期間が３ヶ月を超えればすごい！と言われる時代に突入しました。平均利用期間1.5ヶ月なんてサブスクもゴロゴロあります。

　これでは利益が出ないことが明白です。

　そこで2023年以降、私が推奨しているのが中価格サブスクの年間

契約販売です。1年分の費用をまとめていただくのです。そうすると、販売単価は3〜10万円になります。

サブスクリプション系のサービス全てに言えることですが、WEBマーケティングの正しいプロセスを経て購入を検討するに至ったお客様は、「これを買って人生を良くするぞ！」という熱い気持ちが必ずあります。だから、必ず継続する前提でみんな買うのです。

しかし、実際のところは想像以上に継続力がないというのが問題なわけです。それであれば、熱量が高い時に年間契約で買ってもらい、やめられない状況の中で結果を出すところまでフォローしてあげる方が、双方にとってメリットがあります。

セールストーク的には、「あなたの目標は、1〜2ヶ月で達成できるものではない。だから年間サポートでの契約で、この費用となっています」というように伝えれば、お客様の納得感も得やすいでしょう。

仮に年間費用が6万円だったとしても、6万円を12ヶ月で割って月額5,000円の契約をしたと認識をしてもらえますので、購入ハードルもそこまで高くありません。多くの方が購入を決定してくれる可能性が高いです。

少々テクニカルな話にもなりましたが、現状、低単価のサブスク・定期便ビジネスは崩壊している以上、このような年間契約モデルがこれからの主流になっていくと予想されます。

しかし、ここを守らないと、苦労してYouTubeやSNSを伸ばした割に、商品の満足度が低く、悪評が出てしまうという事態にもなりかねません。必ず意識してください。

分割決済販売の重要性

　最後に、成約率を高めるために必ず守って欲しいルールがあります。それは、分割決済を導入することです。

　今回ご紹介した販売ケースの場合は、決済の単価が数万円〜数十万円という単価になりやすいです。基本中の基本ですが、この場合は分割決済を導入するようにしてください。

　昨今、日本人の貯金は非常に少なく、20 〜 40 代で貯金 0 という人がもはや半数近くにまで及ぶというデータも発表されています。
　つまり、数万円以上の商品は欲しくても手が出ないというケースが多くなるため、年間契約だけど分割決済ができる、という仕組みを用意しておく必要があります。
　様々な決済手段がありますので、各種決済会社と連携して分割決済を導入するようにしましょう。

Twitter を使いはじめる
タイミングと伸ばすための基本

2023年最新の Twitter アルゴリズム

　まず、ここまで Twitter の話をあまりしなかった理由は、前提でお伝えした通り、0 スタートの初心者にとって Twitter は難易度が高いプラットフォームだからです。

　では攻略する方法ないのか？と言われるとそういうわけではありません。

　Twitter では基本的に拡散は RT（リツイート）によって行われます (p.46)。ただし、2023 年にイーロン・マスクが買収したことで、Twitter は新しいプラットフォームに生まれ変わろうとしているので、そこも踏まえてポイントを説明します。

　Twitter は文字を主体とした投稿である「ツイート」が特徴のプラットフォームですが、画像や動画をアップすることも可能です。

　また、イーロン・マスクに買収されるまでは 1 ツイートあたりの文字数が 140 文字（半角 280 文字）という制限がありましたが、現在は 2,000 文字（半角 4,000 文字）の長文ツイートもできるようになりました。さらに、Twitter Blue という Twitter の課金機能でサブスク契約をすると、もっと長い文章もツイートが可能です。

さらに、拡散するまでの流れも変化しています。

　2022年までは、「このツイートを自分のフォロワーにも見て欲しい！」と思った時に、ユーザーがRTボタンを押すことで拡散が発生するのが基本でした。

　しかし、買収以降、Twitterをさらに繁栄させるために、YouTubeやTikTokを見習って、優秀なツイートを多くの人にアルゴリズムで拡散しようとするプラットフォームの仕様変更が強化されてきています。

　すでにその流れははじまっていて、最近では作成したツイートが、自分をフォローしていないユーザーにも届くようになってきました。このあたりは、本書を執筆している今、まさにリアルタイムに進行している大きな変化です。

　それであれば、Twitterもアルゴリズムの力でバズらせられる！と希望を持っていきたいところですが、2023年6月現在の段階では、アルゴリズムの力でYouTubeやTikTokのように爆発的に伸びる！とまではなっていません。まだ昔より伸ばしやすくなった！と言えるレベルととらえておいてください。

　新規参入するのであれば、YouTubeやTikTokの方がはるかに早く伸びていきます。

　その前提のうえで、アルゴリズムの特徴を踏まえたTwitterの伸ばし方の基本をまとめておきます。

　まず、TwitterはYouTube、TikTok、Instagramと同様に、良いツイートを見つけ出して拡散させるために、ツイートに対してのスコア評価を行っています。

> < Twitterのツイートへのスコア評価の基本 >
>
> **ツイートの基本評価点数:**
> ツイートを見た人の滞在時間からくる評価点数
>
> **ツイートへの追加評価点**
> （1）いいね（少しだけ加点）・・・ツイートへいいね
> （2）リツイート（やや加点）・・・ツイートを視聴者が拡散
> （3）リプライ（スーパー加点）・・・ツイートへのコメント
> （4）リプライに投稿主が再度リプライ（超スーパー加点）
>   ・・・ツイートに付いたコメントへ、投稿主が返信コメントする
> （5）ツイートに画像・動画を入れるとスコア2倍
>   ・・・ツイートに画像と動画を入れる
>
> **追加ボーナス**
> Twitter Blue に課金しているとタイムライン表示確率が、一般新規へ
> 2倍、フォロワーへは4倍
>
> **ツイートへのスコア減少**
> ツイートから6時間経過すると、ツイートスコアは減少していく

Twitter社は、新たなアルゴリズムとしてこの方法でツイートスコアを評価し、評価が高いツイートを拡散すると発表しました。

ここで驚くべきは、いいねやRTへの評価よりも「リプライ」と呼ばれるツイートへのコメントと、コメントへの返信コメントへの評価点数が圧倒的に高いことです。

つまり、これこそがTwitterが今、望んでいることなのです。

第2章でも述べましたが、アルゴリズムとは、運営者の願いを叶えるためのものです。

　リプライとリプライへの再リプライを望むということは、Twitterを交流の場として活性化させたいという願いが込められています。

　つまり、YouTube・YouTube Shorts・TikTokは「動画コンテンツを楽しむところ」、Instagramは「画像と動画を中心に楽しむところ」に対して、Twitterは「交流を楽しむために、テキスト・画像・動画の発信をするところ」にして欲しいというわけです。

Twitterで伸びやすいツイートを作る

　そうなると必然的に拡散が伸びやすくなるのは、リプライ（コメント）をしたくなってしまうようなコンテンツです。

　ここから見えてくるTwitterを伸ばすための基本は次の通りです。

＜Twitterを伸ばすツイートの基本＞
・ツイートの滞在時間が長くなる工夫がされた投稿
・ツイートに対して、リプライ（コメント）が発生しやすくなっている投稿
・画像・動画を付けた投稿
・自分のフォロワーが視聴しやすい6時間を狙った投稿

ツイートの滞在時間が長くなる工夫
ポイント①：長文かつ最後まで読みたくなるタイトル
　ツイートの滞在時間を伸ばすために最も簡単な方法は、長文ツイートをすることです。読んでいる時間の分だけ滞在時間は長くなります。

ただし、長文ツイートは文章力を問われることがあるため、文章力に自信がない人はポイント②、③を参考にする方が簡単です。

ポイント②: 短時間の動画を差し込む

　視聴者が興味を持つような動画を入れることで、その動画の視聴時間分だけツイートへの滞在時間を引き延ばすことができます。ここで作る動画作りの秘訣は、YouTube Shortsで解説したショート動画の作り方 (p.92) と同様です。

ポイント③: 文字入りの画像を入れた投稿

　動画作りが苦手であれば、文字入りの画像投稿でも滞在時間を伸ばすことができます。おすすめは、文字を含めた画像を4枚作り、ツイートをすることです。Twitterでは1ツイートあたり4枚までが画像投稿が可能です。

　例えば、図解解説の画像を作りその画像をツイートします。すると、解説を読むために画像を見ている時間分滞在時間が伸びます。

ツイートに対して、リプライ（コメント）が発生しやすくなっている投稿

　2023年以降はリプライの重要度が増したため、多くの人がツイートの最後にリプライの促しをはじめています。

　具体的には、「ツイートの最後に、この投稿が参考になった方はリプライをしてくれれば、本ツイートで紹介した〇〇の詳細をプレゼントします！」といった内容です。このような促しを入れると、リプライは増えやすくなります。

　また、そこで付いたリプライに返信のリプライを投稿主が付けることで、さらにツイートのスコアが上がるので拡散しやすくなります。

画像・動画を付けた投稿

　画像や動画が付いているツイートはスコアが２倍になるということが Twitter から公式に発表されています。

　大変お得にスコアが稼げますから、ツイートに YouTube のサムネイル感覚で積極的に画像を入れることをおすすめします。

自分のフォロワーが視聴しやすい６時間を狙った投稿

　基本的に全ての SNS プラットフォームに共通することですが、アクティブユーザーが最も多いゴールデンタイムは夜18時〜24時。これはテレビのゴールデンタイムと同じです。他にも朝の時間、昼の時間の隙間時間には一定数ユーザーが存在しています。

　力を入れて作り込んだツイートをする時は、18時前後にツイートをするのが基本です。そこから６時間は最もツイートスコアが高いので、伸びやすくなります。

Twitter を一気に加速させる

　さらに、Twitter を一気に加速させる３つの方法を紹介します。

> ＜ Twitter を一気に加速させる３つの方法＞
> ・YouTube・TikTok などバズりやすいプラットフォームから自分の Twitter アカウントに視聴者を誘導する
> ・Twitter 内でプレゼントキャンペーンを行う
> ・権威性とファンを持つインフルエンサーアカウントに自分のアカウントを紹介してもらう

バズりが起きやすいプラットフォームから自分の Twitter アカウントに視聴者を誘導する

Twitter に関する解説を本書の後半に持ってきた意図そのものですが、バズりが生まれやすい YouTube・TikTok といったプラットフォームで力を付けてから、Twitter に誘導するのは非常に簡単で効果的です。「Twitter ではこんな発信をしているから見てね！」と誘導するだけで簡単に伸びます。

Twitter 内でプレゼントキャンペーンを行う

Twitter 内で、喜ばれるプレゼントを用意して「プレゼントを受け取るにはいいね、リツイート、リプライをしてください！」という誘導を行う方法です。

プレゼントが欲しい人が強制的にいいね・リツイート・リプライを発生させるため、当然ツイートのスコアが上がります。

ただし、このやり方は**アカウント停止のリスク**があります。

2023 年になってから、Twitter はプレゼントキャンペーンを多用するアカウントに対して、アカウント停止措置をするケースが非常に増えました。リスクを回避する方法も公開されていません。

そのため、非常に強力な施策である一方で、リスクもあるということを理解しておきましょう

権威性とファンを持つアカウントに自分のアカウントを紹介してもらう

権威性とファンを持つインフルエンサーアカウントに、自分を紹介してもらうのは、Twitter で古くから存在している、最も簡単な伸ばし方の一つです。

知り合いにインフルエンサーがいなければ、自分の分野と関連性が高いインフルエンサーアカウントを見つけて、その人にお金を払って紹介を依頼するのもなしではありません。

　ただし、紹介する側にも紹介責任があるため、自分の発信ジャンルと関係性が薄い場合や、信用に値する実績がない発信者だと判断されると断られることも多いです。

　この３つの中で最もリスクが少なく、コストをかけずに加速させる方法はバズリが起きやすい別プラットフォームから自分のTwitterアカウントに視聴者を誘導することです。

　つまり、YouTubeやTikTokで認知を取ってしまえば、どのプラットフォームを攻略するのも比較的簡単なのです。

　ここを理解せずに、いきなり「Twitterから頑張る！」というのは、個人的にはあまりおすすめしていません。

　特に、Twitterは短い文字のツイートだけで手軽にはじめられると考えている人が非常に多いですが、実際のところは長文・画像・動画を駆使したもはや総合力戦です。甘い気持ちで参入すると痛い目を見ますので、取り組む場合は、気合いを入れて取り掛かりましょう

17 YouTube・YouTube Shorts・TikTok・Instagram・Twitter を同時攻略する裏技

　結論から言うと、現状、ショートムービーをいち早く攻略して、YouTubeを含めた全プラットフォームに同じものを投稿するのが全てのプラットフォームを同時攻略するのに最も効率的な手段です。

　最近ではTwitterもショートムービーを強化しているため、本当に全てを同時に攻めることができると言っても過言ではありません。

　ただ、今までの話を踏まえて「YouTube ShortsとYouTubeは異なるアルゴリズムの考え方を持ったプラットフォームだから、別のアプローチが必要になるのでは？なんで全部の攻略になるの？」と引っ掛かる人もいると思います。ここは、実際その通りです。厳密には全く違うプラットフォームのため、攻略の考え方は別です。

　しかし「社会的認知」という一つの観点だけで見ると、実は、YouTube Shortsだけで攻略できていると言えてしまいます。

　YouTube Shortsでチャンネルを伸ばすと、YouTube同様にチャンネル登録者数が増えます。この数字は、一般の視聴者からすると同じ「チャンネル登録者数」という数字でしかないからです。

　つまり、コスパよく制作できるショートムービーで伸ばしたチャンネルも、労力がかかるロングムービーで伸ばしたチャンネルも、チャンネル登録者数という社会からの評価は同値ということです。YouTube Shortsでチャンネル登録者数10万人を達成したら、社会からの評価

は「YouTube チャンネル登録者数 10 万人」の人なのです。

　一見ハリボテのように見えますが、ここには大きく意味があります。
　今の時代、チャンネル登録者 10 万人はもはやブランドであり、社会
的ステータスです。この実績があるだけで、メディアからの出演依頼
が増えたり、出版の依頼が来たり、コラボの依頼が増えたり、ビジネ
スは非常にやりやすくなるのです。

　もちろん、登録者の中身の濃さで言えば圧倒的に長い動画で登録を
獲得したチャンネルの方がファン化は進んでいますし、長い動画は
YouTube広告収益も発生しているため、月の単純なアカウント利益も
違います。しかし、普通の人はそのチャンネルを見る時、そんなこと
は気にしていません。さらに、数字が大きければ大きいほど、その権
威性マジックによって登録者が増えやすくなる事実もあるのです。

　フォロワー 100 人の人とフォロワー 1 万人の人、どっちが新規から
フォローされやすいか？それは、1 万人の方に決まっています。
　さらに、ショートムービーで認知さえ取れていれば「この人知って
いる」という現象が起きるので、別の WEB プラットフォームを攻略
する時も非常に有利に働きます。知らない人のコンテンツを見るのと、
知っている人のコンテンツを見るのでは、最初の心理的ハードルが全
く違うことは想像できるはずです。

　ショートムービーを絡めた WEB マーケティング戦略は 2023 年もか
なり主流の戦略ですので、ここからは逃げずに検討や取り組みするこ
とをおすすめします。効率的に WEB プラットフォームを早期攻略す
ることで、早くにビジネスを進化させることができるでしょう。

18 10万フォロワーを達成したら様々なメディア露出を増やせ

　悲しい話ですがYouTubeやSNSを使ってファンを増やしたとしても、必ずどこかで飽きられます。これは、絶対に逃れられない摂理です。
　もちろん一部のトップインフルエンサーは常に最前線で活躍していますが、非常に稀有な例です。

　必ず、あなたのアカウントの影響力は衰退していきます。
　それを改善し、衰退の勢いを止めるためには、**獲得した知名度を使っていろんなメディアに露出する**ことを心がけてください。
　出版、テレビ、ラジオ、雑誌、または新しく勢いがあるアカウントとのコラボなど、様々な手法があります。
　これによって自分のアカウントの露出が減っても、**他のメディアで露出が一定量担保される状態**を作ることができます。さらに、今まで**自分がリーチできていなかった新たなファンを獲得する**可能性も膨らみます。

　また、色々なメディアに出ることによって、自然と自分のブランディングも高まっていきます。「様々なメディア、様々な実力者から紹介されている＝良いに違いない」という意識が、一般消費者の中には存在するからです。
　これは、ビジネスの普遍の流れです。必ず意識しましょう。

19

自分の影響力に依存しない
ビジネスを作る

最後に、重要なアドバイスです。

「自分の影響力に依存しないビジネス」を作りましょう！

　先ほどの話ともリンクしますが、どれだけバズろうが、知名度が上がろうが、必ず自分の影響力は減少します。

　影響力が減ったことにより、ビジネスの売上が減ってしまっては、生活をおびやかされることになりかねません。ですので、自分の影響力が減っても、売上が減らないビジネスを構築することを視野に入れないといけません。これは、今活躍しているインフルエンサーを含めた、全員の共通課題になっています。

　WEBで影響力を持つ人が新規のビジネスをはじめるにあたって、一般の人よりも有利な点が3つあります。

＜オンラインで影響力がある人の強み＞

・新規ビジネスで赤字を掘る期間が少ない

・新規ビジネスで採用をするのが簡単

・新規ビジネスで出資者が集まりやすい

　WEBでファンを集めることができている人は、初期投資の資金繰りが通常の開業よりも簡単というわけです。

つまり、WEBで影響力を持つことができた人は「本来は、赤字や初期投資が発生するけれども、軌道に乗れば誰がオーナー経営者でも一定の売上が見込める」ビジネスを構築することが目指せるのです。

　以下で具体例も交えながら、自分の影響に依存しないビジネスの4つのパターンをご紹介します。

パターン1：一定の集客が見込める立地で、 需要の変動が少ない店舗ビジネスを行う。

　飲食店で例えてみましょう。新しいビジネスとして、飲食の店舗を作るのに、初期投資1,500万円かかるとします。通常、この費用は銀行からの借入や貯蓄から賄います。初期投資の回収はビジネスをはじめる上で大変な要素の一つです。

　しかし、WEBでファンが付いている人は、ファンからのご祝儀や最初にお祝い来店してくれるファンが多数いるので、初期費用を賄うことができます。初期投資さえ回収してしまえば、ビジネスに大きな失敗はありません。後はそのまま真面目に経営し、店舗がうまく回っていけば収益が発生し続けます。

　また、採用にも苦労しません。自分のメディアで告知すれば、影響力が仮に落ちていても、一部の濃いファンで「あなたの近くで仕事がしたい！」と応募してくる人が一定数います。

パターン2：人材集めが肝になるビジネスに株主の形で参画する

　例えば、人材派遣会社をやっている信頼できる経営者がいた場合、その人材派遣会社の株を一部もらいながら参画するという方法です。

　人材派遣会社などで一番苦労するのは、働きたいという人を集めることです。この人を集めるのに多大な広告費を払っているのです。

しかし、そこさえ切り抜ければ、働いてくれる人がいる限り安定的に収益が上がります。

　WEBで知名度を獲得している人は、ほとんどの場合その多大な広告費が必要ありません。特別に広告を打たなくても、あなたの近くで働きたいと思ってもらえることが多いのです。

　それであれば、人材派遣会社の資格を持っている信頼できるビジネスパートナーから株をもらう代わりに人材を集めれば、利益が発生します。一度利益が出はじめればその利益でまた広告を回して人材を確保することができるので、一定の安定した売上を確保することが可能です。

　このように、「人さえ集まれば儲かる」というオフラインのビジネスは結構あります。そのようなビジネスの中心部に参画したり、または自分でビジネスを立ち上げたりするのは非常におすすめです。

パターン3：Amazonで、フォロワー外に売れる商品を開発する

　現在、WEBで知名度を上げた人が、オリジナル商品を開発してECで販売するP to C（Person To Consumer）のビジネスモデルが流行しています。

　自分のフォロワーに広告費なしで商品を販売できるので非常に有効な手段に見えますが、実はこのモデルには致命的な欠陥があります。

　それは、自分のファンにしか買ってもらえないということです。販売できる売上の最大値は自分のフォロワー数と影響力に依存するため、限界があります。

　そこで出てきたのが、Amazonを組み合わせた販売手法です。

Amazonを活用すれば、自分のフォロワーではないユーザーにも商品を購入してもらえる状況を作り出すことができます。

　重要なポイントとなるのは、**自分のファンに売ることを前提にした商品設計ではなく Amazon で通用する商品設計である**ことです。

　例えば、車の洗車に関する YouTube チャンネルをやっていて、洗車のためのカーシャンプーを販売することになったとしましょう。この時にファンに高く売ることを考えるのではなく、Amazon で自分を知らない人にも手を取ってもらえる価格・商品内容で設計する必要があります。

　さらに**販売経路は最初から Amazon に絞ってしまいます。**その理由は、ファンに購入してもらった実績が重要だからです。
　Amazon では、売れている商品を Amazon 内での露出において優遇するので、Amazon で「カーシャンプー」と検索する人に、どんどん上位表示されるようになります。

　このように、自分のことを全く知らない人にも、自分の商品が売れるような流れを作り、ビジネスを拡大していくことができるのです。これは、フォロワーに依存しない販売手法の新たな代表格になります。

　ちなみに、この事例は実在しており、2022 年に「ながら洗車」（https://www.youtube.com/@nagaracarwash）という YouTube チャンネルが実際にこの流れで販売を行い、億単位の売上を Amazon で達成したことが話題になりました。

パターン４：上がった知名度を利用し、広告を駆使して商品を販売する

　実は、YouTubeやSNSを使って知名度が上がると、広告の反応率が格段に良くなります。これは、「知っている人が広告に出ると見てしまう」という現象が発生するからです。

　世の中の大手企業が芸能人をCMに起用するのは、知っている人を使った方が明らかに広告を見る視聴者が増えるからです。ですので、YouTubeやSNSを使って知名度が上がったのであれば、それを利用して広告を併用することは非常に賢い選択です。

　ただし、広告を実施する場合は、広告に対しての費用対効果を必ず計測しながら実施する必要があります。反応率が上がりやすいとは言っても、当然甘い世界ではありません。

　しかしながら、無名の人、無名の企業が広告を行うよりもはるかに優位性があることは間違いなく、良い広告代理店と組めれば、高い利益率で商品を販売することは可能です。広告もできるようになっておくと、自分YouTube・SNSでの旬が過ぎてもビジネスの売上を下げずに済みます。

　知名度とは、個人でも、法人でも圧倒的な資産です。知名度を活用した広告は、大いに検討する価値アリと言えます。

20 WEBマーケティングの全体像を理解して戦略的に勝ちに行け!

　ここまで読んだ方に一番お伝えしたいのは、頭の中にWEBマーケティング戦略の全体像を入れてから取り組むということです。

　昨今、WEBマーケティングの手法は多種多様に広がってきています。同時に、各手法ごとの攻略情報も色々なところに転がっています。
　しかし、WEBマーケティング戦略の本質は変わっていません。コンセプト設計からはじまり認知→ファン化→集客→信頼構築→販売です。

　重要なことは、「自分が何のために、どの施策を取り入れようとしているのか? その施策は本当に自分の目的を達成する有効な施策なのか?」ということを戦略の全体像に沿って正しく取捨選択できるかどうかです。
　ここが抜けた状態で、YouTubeが熱い! YouTube Shortsが熱い! TikTokが熱い! Instagramが熱い! Twitterが熱い!と、各分野のノウハウを漁っても意味がありません。
　そこを自分で考えるのが面倒くさいからと、代行業者やWEBコンサルタントに任せても、良い結果にはならないでしょう。

　本書を通じてWEBマーケティングの全体を理解し、軸を定めてください。そして結果を出すために、より詳細なノウハウが記載されている情報を手に取りながら、WEBマーケティングに向き合い着実に前に進めていってもらえれば幸いです。

あとがき

　まずは本書を執筆するにあたり、実績としてのご紹介にご協力いただけた勝友美さん、なおこ先生、叶みかこさん、北川雄介さん、そして事例としてのご紹介にご協力いただけた、翔てんてーにお礼を伝えたいと思います。

　私は、様々な経営者のオンライン上のプロデュースに裏側に入り、仕事をさせていただいておりますが、自分が売れた秘密を解説されるというのは、マジックの種明かしに近い要素があるため、良い気分はしないものです。なぜ自分が売れたかは秘密にしておきたいと考えるのが一般的かと思います。それでも協力してくださった皆様には、心からお礼を申し上げます。

　コロナがきてから丸3年が経過し、オンラインに力を入れることが当たり前という風潮が日本中の企業に広がりました。しかし一方で、その企業を取り巻くWEBマーケティングの支援環境は正直、芳しくありません。

　WEBサイトしか作れない会社、WEB広告しかできない会社、SNSしかできない会社、YouTubeしかできない会社など様々であり、「餅は餅屋だ！」という言い方をすればそれまでですが、WEBを真剣に頑張りたい企業にとっては、コスパよく結果が出るのであれば、究極、手段はどれでも良いのです。
　だからこそ、本来は全ての手法を理解し、その企業にあったベストな策を提案できるコンサルタントが必要なわけですが、そのコンサルタントも存在しません。

なぜなら、そのコンサルタント自身に全ての経験値がなければ、アドバイスができないからです。しかし、それでも、稼ぎたい若手のWEBマーケティング会社は、がむしゃらに営業し、強みの領域の、SNS運用代行やYouTubeの運用代行を提案するでしょう。

　このような状況の中で、私が本書でしたかったことは、全ての選択肢の種明かしを先に知ってもらうことです。WEBマーケティングの全体像をつかんでいなければ、何も戦略を立てることができず、そして提案された戦略を評価することもできません。

　本書を読んでいただいた上で、すでに書店に並ぶ、YouTubeやTikTokやInstagramに関する書籍を読んでいただけたら、より鮮明に多くのことがわかるかと思います。
　本書が皆さんのWEBマーケティングのベースとなれれば幸いです。

　私自身のWEBマーケティングの研究もまだまだ続いており、本書の記載したのは、最も表層の部分です。より良い方法を求め続け、同時に結果を出し続けます。

　また、別の書籍でもお会いできれば幸いです。

青木創士（あおき・そうし）
株式会社キークエスト 代表取締役
2014 年に NASDAQ 上場の WEB マーケティング会社への転職をキッカケに WEB マーケティングに出会う。2017 年に会社員をしながらブログを個人で作り、1 年でアフィリエイトの月収が 300 万円を超えて独立。また、某オンラインゲームで世界一を達成させた元ゲーマー。
SEO 対策、LINE マーケ、SNS マーケ、YouTube マーケ、TikTok マーケ、WEB 広告運用全てに精通する総合 WEB マーケティングスペシャリスト。コンサルした企業は、中小企業から上場企業を含めて累計 300 社以上。0 からプロデュースして立ち上げたビジネス系の YouTube チャンネルの総再生数は 9 億回再生を突破。ビジネス系YouTube チャンネル登録者数 10 万人の最速記録は 1 ヶ月半。2023 年 3 月、月間 400万人が見る 10 万フォロワーの美容系 Instagram を 1 年 4 ヶ月で達成。
同時に日本初の総合 WEB マーケティング教育スクールを 2019 年から立ち上げ、WEB マーケ教育に力を入れる。

うつく
美しく「バズる」技術
ぎじゅつ

だれ　おし　　　　　　　　　　ほんとう　　　　　　　　　　　　　　きょうかしょ
誰も教えてくれなかった本当の SNS マーケティングの教科書

2023 年 8 月 16 日　初版発行
2023 年 8 月 29 日　2 刷発行

著　者　　青　木　創　士
発行者　　和　田　智　明
発行所　　株式会社　ぱる出版

〒 160-0011　東京都新宿区若葉 1-9-16
03(3353)2835－代表　03(3353)2826－FAX
03(3353)3679－編集
振替　東京　00100-3-131586
印刷・製本　中央精版印刷(株)

ISBN978-4-8272-1399-7　C0034